LIBRO DE DERECHO EN ASUNTOS ELECTORALES

COMPENDIO DE SENTENCIAS... UN AÑO DE JURISPRUDENCIAS ELECTORALES 2012

LIC. ALFREDO RAMIREZ PEGUERO Y
LICDA. MARISELA TEJADA ROSARIO

SANTO DOMINGO
REPUBLICA DOMINICANA,
2012

Agradecimientos a:

- A Dios que es mi padre celestial y todo lo que soy, lo que tengo y lo que ha de tener es gracias a su voluntad.

- Marisela Tejada Rosario; esposa, amiga, abogada, coautora en este trabajo y secretaria incansable, de la cual estoy seguro que Dios la puso en mi vida para complementarnos juntos con las difíciles tareas que a lo largo de estos años he tenido que cumplir.

- Ramón Ramírez Peguero; mi eterno soporte en las grandes tareas jurídicas, que ha colaborado a mi lado a lo largo de mi vida.

Dedicatorias a:

- Mía Fabiani Ramírez Tejada y Marcela Fernanda Ramírez Tejada. Mis dos bellos retoños. Mi razón de existir.

Compendio de jurisprudencias electorales, 2012....

Introducción

Durante mucho tiempo, la administración de ...
Justicia Electoral estuvo vinculada a la Junta
Central Electoral, por medio de un organismo
apéndice llamado "Cámara Contenciosa Electoral"
que asumía funciones contenciosas ante la
problemática que surgía en los partidos y
agrupaciones políticas reconocidas. Estas
atribuciones estaban conferidas en la Ley No. 275-
97.

Pero estas cuestiones de carácter judicial si así se
le pudiese llamar, eran desarrolladas en la mayoría
de los casos por no decir en todos en Cámara de
Consejo, lo que impedía la formación de una
verdadera jurisprudencia contenciosa electoral.
Con la proclamación de la Constitución de la
República, el 26 de enero del 2010, la Justicia
Electoral dominicana, asume un nuevo rol procesal
con la creación e implementación del Tribunal
Superior Electoral.

Los conflictos de carácter contenciosos electorales,
han estado vinculados en las organizaciones y

partidos políticos existentes, y para ello se hacía necesario la creación en nuestra legislación electoral, de un organismo contencioso capaz de velar por la aplicación de un marco jurídico legal, que sirviera de base para las regulaciones y actuaciones que pudieren allí darse, y una tribuna ante quienes las partes afectadas por una decisión determinada pudiesen quejarse. Una especie de ágora griega.

El texto titulado "Jurisprudencias del Tribunal Superior Electoral 2012", podemos definirlo como un compendio de las decisiones de carácter contencioso electoral, dictadas por el Tribunal Superior Electoral durante el año 2012.

Con esta obra pretendemos brindarles a los amantes de la Materia Electoral, un conocimiento ampliado de la naciente jurisprudencia electoral dominicana, a los fines de que la misma pueda servir de marco de referencia para las discusiones procesales que pudieren surgir en el espectro contencioso electoral dominicano y a la vez reconocer la labor de los Magistrados que integran el Tribunal Superior Electoral, que con sus decisiones adoptadas han creado una nueva forma de pensamiento.

Aunque faltan muchas cosas por hacer como la implementación en esta materia de la figura jurídica del Juez de los Referimientos en atribuciones electorales, que servirá de motor para regular situaciones a lo interno de los partidos y agrupaciones políticas las cuales principalmente se originan en lo contencioso electoral, pero que por su naturaleza ante la imposibilidad de la existencia de una verdadera jurisdicción de juicio con estas características, las partes afectadas se ven obligadas a acudir a otra jurisdicción para que esta adopte las medidas provisionales necesarias que por su origen debieran ser dirimidas por el Tribunal Superior Electoral y no por una jurisdicción distinta a la que originalmente ha sido apoderada, y la creación del Fiscal Nacional Electoral, cuya misión sería la de perseguir los crímenes electorales.

JURISPRUDENCIAS ELECTORALES

TSE. ABOGADO. Regulación. Uso de indumentaria. Formalismo. Aplicación del artículo 11 de la Ley No. 821 del 1927. Resolución No. 2715-2010, de la Suprema Corte de Justicia (SCJ), del 30 de septiembre del 2010.

Expresa el Tribunal Superior Electoral. Que para la celebración de las Audiencias Públicas se hace necesario regular el uso de la vestimenta de los jueces, secretario (a), abogados (as) y de las partes involucradas en un proceso contencioso electoral, con la finalidad de garantizar la solemnidad del proceso. Que es costumbre judicial dominicana el uso de la toga y el birrete de parte de los jueces y abogados (as), así como, el vestir camisa blanca y corbata negra, durante la celebración de las Audiencias Públicas.
(Resolución Administrativa Núm. 001-2012, del 24 de enero del 2012. Pág. 2)

TSE. AMPARO ELECTORAL. Medio de inadmisión sustentado en la falta de objeto de la acción de amparo interpuesta. Aplicación del artículo 70 de la Ley No. 137-11. Medio de inadmisión rechazado.

Expresa el Tribunal Superior Electoral. Que es preciso indicar, que si bien es cierto que los amparitas incoaron una demanda en nulidad de la Asamblea celebrada el día 4 de diciembre del año dos mil once (2011), por el Partido Cívico Renovador (PCR), por ante este Tribunal Superior Electoral (TSE), no menos cierto es que dicha acción tiene objetivos distintos a los planteados en la presente acción de amparo; en consecuencia, procede rechazar por improcedente y carente de sustento legal, el medio de inadmisión planteado por la parte demandada.

(Sentencia TSE Núm. 001-2012, del 13 de febrero de 2012. Pág. 12)

TSE. AMPARO ELECTORAL. Falta de calidad. Exclusión del accionante. Solicitud acogida. Aplicación correcta del artículo 44 de la Ley No. 837 de 1978.
Expresa el Tribunal Superior Electoral. Que en ese sentido este Tribunal comprobó que tal como lo

demuestran los accionados, con la presentación de la comunicación de fecha 27/06/2011, dirigida al Mayor General Retirado del Ejército Nacional Lic. Jorge Radhamés Zorrilla Ozuna, presidente del Partido Cívico Renovador, por el señor Mariano Madé Ramírez; en la cual, él renuncia irrevocablemente del Partido Cívico Renovador (PCR); la cual, le fue respondida, por su destinatario mediante la misiva de fecha 28 de junio del año 2011, el indicado accionante había renunciado de la referida organización política; en consecuencia, procede declarar la falta de calidad del accionante, señor Mariano Madé Ramírez y excluirlo del presente proceso, por no ser miembro de dicho partido, al momento de incoar la presente acción de amparo.
(Sentencia TSE Núm. 001-2012, del 13 de febrero de 2012. Pág. 13)

TSE. AMPARO ELECTORAL. Falta de calidad de los accionantes. Solicitud rechazada. Aplicación correcta del artículo 1315 del Código Civil.
Expresa el Tribunal Superior Electoral. Que en lo relativo a los demás accionantes, señores Eugenio Matos Rodríguez, Amalio Pinales Puello, Antonio

Almodóvar Hache, Víctor Peralta, Manuel Ysauro Rivas, Vicente Báez, Euclides Rojas e Isidro Araujo, los accionados no presentaron a este tribunal la falta de calidad alegada, de conformidad con la máxima jurídica *"Actore Incumbit Probatio"*, es decir, todo aquel que alega algo en justicia tiene que probarlo. En el caso de la especie, este principio queda soslayado, toda vez, que contra los accionantes no fueron presentadas pruebas contundentes que sustenten su falta de calidad; en consecuencia, procede que dicho medio de inadmisión sea rechazado.

(Sentencia TSE Núm. 001-2012, del 13 de febrero de 2012. Pág. 13)

TSE. AMPARO ELECTORAL. Falta de interés de los accionantes. Solicitud rechazada. Aplicación correcta del artículo 72 de la Constitución de la República.

Expresa el Tribunal Superior Electoral. Que del artículo precedentemente enunciado se colige, que ostenta un interés jurídicamente protegido, toda persona que considere que le ha sido vulnerado un derecho fundamental; en consecuencia, procede que el medio de inadmisión por falta de interés, planteado por los accionados, sea rechazado por improcedente y carente de sustento legal. (Sentencia TSE Núm. 001-2012, del 13 de febrero de 2012. Pág. 14)

TSE. AMPARO ELECTORAL. Falta de violación a la Constitución de la República. Correcta aplicación de los Estatutos Generales. Recurso rechazado.

Expresa el Tribunal Superior Electoral. Que de lo antes expuesto se colige, que el hecho de que los accionantes no fueren convocados como ellos pretenden y alegan en la presente acción de amparo, de ninguna manera, constituye violación a los Derechos de Igualdad, libertad de Asociación y de organización en Partidos, agrupaciones y movimientos políticos, enunciados en los artículos 39, 47 y 216 de la Constitución de la República; así como, también de los Derechos Políticos e Igualdad ante la Ley, estipulados en los artículos 23 y 24 de la Convención Interamericana de los Derechos Humanos (Pacto de San José), toda vez, que aunque los Estatutos Generales de la referida organización política no establecen en qué forma

tienen que hacerse las convocatorias de las Asambleas; la misma fue hecha de conformidad con la ley, por consiguiente, procede que las conclusiones vertidas en la instancia introductiva de la demanda y en las audiencias públicas realizadas al efecto, sean desestimadas en todas sus partes.
(Sentencia TSE Núm. 001-2012, del 13 de febrero de 2012. Pág. 18)

TSE. AMPARO DE CUMPLIMIENTO.

Inmutabilidad del proceso. Aplicación del artículo 70 numeral 3 de la Ley No. 137-11. Acción declarada inadmisible.

Expresa el Tribunal Superior Electoral. Que lo que ata a un tribunal son las conclusiones planteadas por las partes, en la instancia introductiva de la demanda y en las vertidas en Audiencia Pública, cuando no violenten el principio de inmutabilidad del proceso. En el caso de la especie; este tribunal verificó que tanto en la Instancia Indroductiva de la presente Acción de Amparo, como en la Audiencia Pública celebrada al efecto el día 8 de febrero de 2012, los accionantes incoan una Acción de Amparo de Cumplimiento.

(Sentencia TSE Núm. 003-2012, del 16 de febrero de 2012. Pág. 20)

TSE. AMPARO DE CUMPLIMIENTO.
Contra quien se dirige esta acción. Violación del artículo 106 de la Ley No. 137-11. Inadmisibilidad de la acción interpuesta.

Expresa el Tribunal Superior Electoral. Que de los textos legales precedentemente indicados se colige que la acción de amparo de cumplimiento es un procedimiento particular, que única y exclusivamente puede ser incoado contra funcionarios o autoridad pública; en el caso en cuestión, se hace ostensible que el Partido Reformista Social Cristiano (PRSC), no es una institución que corresponde a la administración pública; por consiguiente, sus autoridades no corresponden a la categoría de autoridad de la administración pública.
(Sentencia TSE Núm. 003-2012, del 16 de febrero de 2012. Pág. 21)

TSE. AMPARO DE CUMPLIMIENTO.
Medio de inadmisión propuesto por la parte accionada. Acogida de la solicitud formulada. Violación del

artículo 107 de la Ley No. 137 de 2011. Aplicación del artículo 44 de la Ley No. 834 del 1978. Inadmisibilidad de la acción interpuesta. Expresa el Tribunal Superior Electoral. Que este Tribunal procedió a examinar exhaustivamente todas y cada una de las piezas que conforman el presente expediente, comprobando que ciertamente como lo propone la parte accionada, la parte accionante no le dio cumplimiento al requisito enunciado en el artículo 107, es decir, en el expediente no consta acto de notificación alguna que demuestre que la parte accionante antes de iniciar la presente acción de amparo de cumplimiento, exigió a la Junta Central Electoral el cumplimiento del deber legal administrativo alegado; en consecuencia, procede acoger el medio de inadmisión en cuestión. Que en adición a la violación del artículo 107, el Tribunal ya instruido el proceso de la acción de amparo, ha podido comprobar que la misma es notoriamente improcedente, conforme al contenido del artículo 70 de la Ley 137-11 del Tribunal Constitucional y Procedimientos Constitucionales, que en su numeral 3ero. Establece lo siguiente: *"El juez apoderado de la acción de amparo, luego de instruido el proceso, podrá dictar sentencia declarando inadmisible la acción, sin pronunciarse sobre el fondo, en los siguientes casos: (...) 3ero. Cuando la petición de amparo resulte notoriamente improcedente".*

En consecuencia, este Tribunal procede a declarar inadmisible la acción en cuestión, en virtud también de las disposiciones del citado artículo. (Sentencia TSE Núm. 014-2012, del 30 de marzo de 2012. Págs. 10-11)

TSE. AMPARO ELECTORAL. Medio de inadmisión propuesto por la parte accionada. Solicitud denegada. Violación al artículo 44 de la Ley No. 834 de 1978.

Expresa el Tribunal Superior Electoral. Que en las conclusiones vertidas por la parte demandada, relativas a la inadmisibilidad de la demanda, solo hizo referencia a las disposiciones contenidas en el artículo 44 de la ley 834, obviando hacer mención específica a las causas de dicha inadmisibilidad, lo cual imposibilita a este tribunal estatuir sobre las causales contenidas en el referido artículo. (Sentencia TSE Núm. 006-2012, del 7 de marzo de 2012. Págs. 7-8)

TSE. AMPARO ELECTORAL.

Inadmisibilidad de la acción interpuesta. Falta de motivación por parte del accionante. Violación del artículo 76 de la Ley No. 137 del 2011. Aplicación del artículo 70 numeral 3º de la Ley No. 137 del 2011. Violación al artículo 44 de la Ley No. 834 de 1978.

Expresa el Tribunal Superior Electoral. Que en la instancia introductiva de la presente acción de amparo los accionantes solo se limitan a enunciar disposiciones constitucionales y legales, tales como, los artículos 5, 6, 8, 22.1, 39.1, 39.3, 68 y 216 de la Constitución de la República; artículo 6, literal i) de la Ley Electoral Núm. 275-97; artículo 38 de la Ley Orgánica del Tribunal Superior Electoral Núm. 29-11, de fecha 20 de enero del 2011; artículo 16.1 de la Convención Interamericana de Derechos Humanos; y el artículo 25 del Pacto Internacional de los Derechos Civiles y Políticos. (Sentencia TSE Núm. 006-2012, del 7 de marzo de 2012. Págs. 8-9)

TSE. AMPARO ELECTORAL.

Inadmisibilidad de la acción interpuesta. Falta de motivación por parte del accionante. Violación del

artículo 76 de la Ley No. 137 del 2011. Aplicación del artículo 70 numeral 3º de la Ley No. 137 del 2011.
Expresa el Tribunal Superior Electoral. Que este Tribunal Superior Electoral procedió a realizar un análisis exhaustivo del caso que nos ocupa y determinó que en la instancia introductiva de la presente acción de amparo no se puede comprobar vulneración a ningún derecho fundamental, pues la simple enumeración de artículos no puede considerarse conculcación a prerrogativas constitucionales, toda vez que lo que se advierte en el caso en cuestión, es el rechazo de una solicitud de reconocimiento de un movimiento político, al cual la autoridad competente determinó no haber cumplido con los requisitos de la ley.
(Sentencia TSE Núm. 006-2012, del 7 de marzo de 2012. Págs. 9-10)

TSE. AMPARO ELECTORAL. Solicitud de Inhibición formulada por la parte accionante. Pedimento denegado.
Expresa el Tribunal Superior Electoral. En ocasión de la solicitud de inhibición del accionante hacemos constar que no aceptamos esa solicitud

en razón de que no fuimos el ministerio público que actuó en el caso a que hace referencia. Que la independencia regula los estatutos del ministerio público y el que actuó en ese momento no estaba bajo mi dependencia y no tuvimos conocimiento de su caso, sino que fuimos informados del mismo en la prensa. Que lo sucedido en aquella ocasión en nada tiende a afectar la decisión que vamos a tomar respecto del caso.

(Sentencia TSE Núm. 015-2012, del 16 de abril de 2012. Pág. 5)

TSE. AMPARO ELECTORAL.
Inadmisibilidad de la acción interpuesta. Violación del numeral 3 de la Ley No. 137-11.

Expresa el Tribunal Superior Electoral. Que el Tribunal una vez instruido el proceso de la acción de amparo ha podido comprobar que ciertamente, tal y como lo propone la parte accionada, la misma es notoriamente improcedente, conforme al contenido del numeral 3) del artículo 70 de la Ley 137-11 del Tribunal Constitucional y Procedimientos Constitucionales, que establece lo siguiente: *"El juez apoderado de la acción de amparo, luego de instruido el proceso, podrá dictar sentencia declarando inadmisible la acción, sin pronunciarse sobre el fondo, en los siguientes casos: (...) 3ero. Cuando la petición de amparo resulte notoriamente improcedente".*

En consecuencia, este Tribunal procede a declarar inadmisible la acción en cuestión, en virtud de las disposiciones del citado artículo.
(Sentencia TSE Núm. 015-2012, del 16 de abril del 2012. Pág.10)

TSE. AMPARO ELECTORAL.
Desistimiento de la acción interpuesta. Declaratoria de archivo definitivo del expediente. Expresa el Tribunal Superior Electoral, Que es particularmente útil distinguir con exactitud el desistimiento de acción del desistimiento de instancia; pero esta distinción es frecuentemente difícil, sobre todo cuando el demandante declara, simplemente, que desiste, sin precisar que abandona únicamente la instancia o que renuncia a su derecho o a sus pretensiones; en la duda, la fórmula empleada por el demandante debe ser interpretada restrictivamente, como simple desistimiento de instancia; todo abandono de derecho, en efecto, debe ser expreso.

(Sentencia TSE Núm. 018-2012 del 16 de abril de 2012. Pág. 6)

TSE. AMPARO ELECTORAL. Solicitud exclusión de la conclusiones vertidas en audiencia por el accionante. No aplicación del principio de inmutabilidad. Pedimento de la parte accionada desestimado.

Expresa el Tribunal Superior Electoral. Que la comprobación anterior pone de manifiesto, contrario a lo esgrimido por la parte accionada, que el pedimento formulado por los accionantes, contenido en el literal e) de sus conclusiones de audiencia, no constituye una demanda nueva y por tanto no vulnera el principio de inmutabilidad del proceso, por lo que el pedimento de exclusión propuesto por la parte accionada debe ser desestimado, valiendo dichos motivos decisión, sin necesidad de hacerlo constar en la parte dispositiva de esta sentencia, por las razones ut supra indicadas.

(Sentencia TSE Núm. 019-2012 del 18 de abril de 2012. Pág. 6)

TSE. AMPARO ELECTORAL. Medio de inadmisión. Prescripción de la acción interpuesta basada en la inscripción fuera de plazo de una candidatura. Pedimento de la parte accionada denegado. Aplicación correcta del artículo 70 de la Ley No. 275 de 1997.

Expresa el Tribunal Superior Electoral. Que contrario a lo señalado por la parte accionada para sustentar el medio de inadmisión objeto de estudio y producto del examen de los documentos aportados al debate, este Tribunal ha podido comprobar que las candidaturas de los accionantes fueron presentadas ante la Junta Central Electoral en el tiempo hábil, es decir, de conformidad con el artículo 70 de la Ley Núm. 275-97.

(Sentencia TSE Núm. 019-2012 del 18 de abril de 2012. Pág. 16)

TSE. AMPARO ELECTORAL. Medio de inadmisión basado en la violación al artículo 70 de la Ley No. 137 del 2011. Pedimento de la parte accionada desestimado. Aplicación correcta del artículo 70 de la Ley No. 137 del 2011.

Expresa el Tribunal Superior Electoral. Que el medio de inadmisión señalado debe ser desestimado, en razón de que la presente acción de amparo deviene en adecuada u oportuna a las circunstancias, pues se ajusta a las disposiciones y al procedimiento previsto en la Ley 137 del 2011. (Sentencia TSE Núm. 019-2012 del 18 de abril de 2012. Pág. 17)

TSE. AMPARO ELECTORAL. Medio de inadmisión basado en que la acción constitucional de amparo es de carácter personal. Pedimento de la parte accionada desestimado.

Que este Tribunal rechaza el indicado medio de inadmisión, en razón de que, contrario al alegato de la parte accionada, se ha comprobado que la acción de amparo de que se trata, tiene por objeto la restitución de un derecho personal e individual que le asiste a cada uno de los accionantes; que si bien es cierto que las candidaturas fueron presentadas por el Partido Reformista Social Cristiano (PRSC), no menos cierto es que las mismas revisten un carácter intuito personae, toda vez que los partidos y agrupaciones políticas son instrumentos de participación, cuya finalidad esencial es constituirse como instituciones o elementos fundamentales del sistema democrático,

mediante el cual se ejerce la representación popular.
(Sentencia TSE Núm. 019-2012 del 18 de abril del 2012. Pág. 18)

TSE. AMPARO ELECTORAL. Excepción de inconstitucionalidad. Pedimento de la parte accionante. Pedimento acogido. Violación a la Constitución de la República.

Expresa el Tribunal Superior Electoral. Que las garantías y derechos electorales protegen a los ciudadanos, partidos y agrupaciones políticas por el solo hecho de estar consagrados en la Constitución de la República e independientemente de las leyes adjetivas y la reglamentación que el órgano electoral administrativo disponga, el cual debe ejercerlo dentro de los cánones Constitucionales, ya que no puede creerse que lo consagrado por nuestra Constitución son simples formulas retóricas, olvidando que lo previsto por ésta, obliga a todos los individuos y órganos del Estado Dominicano. Siendo deber de este Tribunal aplicar en plenitud la norma constitucional con interpretaciones

correctas, de acuerdo a la significación fiel de su texto.
(Sentencia TSE Núm. 019-2012 del 18 de abril del 2012. Pág. 22)

TSE. AMPARO ELECTORAL.

Excepción de inconstitucionalidad. Pedimento de la parte accionante. Pedimento acogido. Declaratoria de inconstitucionalidad del artículo 8 de la Ley No. 136 del 2011. Principio erga onmi. Aplicación del artículo 53 de la Ley No. 137 del 2011. Violación a la Convención Interamericana de Derechos Humanos. Supremacía de la Constitución.

Expresa el Tribunal Superior Electoral. Que este Tribunal es del criterio que el del artículo 8 de la Ley 136-1les contrario a la Constitución, como lo proponen los accionantes y el interviniente voluntario, en razón de que los requisitos para ser diputado o diputada son los mismos que se exigen para ser senador o senadora, y entre dichos requisitos no se encuentra *"el de estar inscrito en el registro de electores residentes en el exterior"*, como lo consagra la disposición legal antes citada.

Que al adicionar el numeral 4 del artículo 8 de la Ley 136-11 como requisito para ser diputado o diputada de ultramar el hecho de *"estar inscrito en el registro de electores residentes en el exterior"*, el legislador ordinario se ha excedido en sus poderes, en razón de haber consignado exigencias no previstas por la Ley Sustantiva para que una persona pueda optar como candidato a diputado de ultramar en las venideras elecciones, por lo que el citado artículo deviene no conforme con la Constitución y por lo tanto, resulta inaplicable al caso objeto de examen. Que de la lectura del indicado artículo se colige que el derecho al sufragio solamente puede ser modificado en dichas condiciones; que por el simple examen del numeral 4 del artículo 8 de la Ley 136-11, este Tribunal ha podido comprobar que la necesidad de la inscripción en el registro de votantes en el extranjero no se corresponde con ninguno de los requisitos fijados por la Convención, la cual tiene rango constitucional. Que la supremacía de la Constitución supone una gradación jerárquica en el orden jurídico; ella representa el punto más alto de la escala normativa, de manera que cualquier norma posterior o contraria que en cualquier

momento colide con la norma suprema, provocaría la nulidad de la norma inferior.
(Sentencia TSE Núm. 019-2012 del 18 de abril del 2012. Págs. 24, 25, 26)

TSE. AMPARO ELECTORAL.

Restauración de derechos conculcados a la parte accionante. Acogida de la acción en amparo interpuesta.

Expresa el Tribunal Superior Electoral. Que este Tribunal debe ordenar la restauración de los derechos vulnerados a los accionantes y al interviniente voluntario, conforme lo establecido en el artículo 91 de la Ley 137-11, que dispone: *"La sentencia que concede el amparo se limitara a prescribir las medidas necesarias para la pronta y completa restauración del derecho fundamental conculcado al reclamante o para hacer cesar la amenaza a su pleno goce y ejercicio".*
(Sentencia TSE Núm. 019-2012 del 18 de abril de 2012. Pág. 30)

TSE. AMPARO ELECTORAL.

Defecto de la parte accionada. Rechazo de la acción interpuesta.

Expresa el Tribunal Superior Electoral. Que en el caso de la especie, este Tribunal después de valorar los méritos de la solicitud presentada por la parte accionante determinó, que para que se produzca una vulneración material del derecho fundamental alegado, es eminentemente necesario que la Junta Central Electoral haya otorgado una respuesta a la solicitud que le fue formulada, situación que en el presente caso no ha ocurrido; por consiguiente, no existen evidencias que permitan al Tribunal constatar la violación del derecho fundamental de igualdad; por lo que, procede rechazar la presente acción de amparo, por improcedente, mal fundada y carente de sustento legal.
(Sentencia TSE Núm. 023-2012, del 17 de mayo del 2012. Pág.7)

TSE. AMPARO ELECTORAL.

Falta de calidad. Solicitud del accionado. Pedimento desestimado. Aplicación del principio "Nadie puede fabricarse su propia prueba".

Expresa el Tribunal Superior Electoral, que si bien es cierto que la calidad es una de las condiciones necesarias para actuar en justicia, no menos cierto es, que todo aquel que invoque la falta de calidad

de un accionante, tiene la obligación de probar su alegato conforme a la máxima "actori incumbit probatio"; en tal virtud, el artículo 1315 del Código Civil dispone: "El que reclama la ejecución de una obligación, debe probarla. Recíprocamente, el que pretende estar libre, debe justificar el pago o el hecho que ha producido la extinción de su obligación". En consecuencia, la parte que invoco el medio de inadmisión no cumplió con su obligación de hacer la prueba de su alegato; limitándose en ese aspecto la parte accionada a proponer el medio señalado fundado en la falta de calidad, solo depositando certificaciones producidas por ella misma y cuyo contenido no procede que sea admitido, ya que en justicia nadie puede fabricarse su propia prueba, como pretende la parte accionada; que, por tanto, el tribunal admite y reconoce la calidad de los accionantes para actuar en el presente caso.
(Sentencia TSE Núm. 026-2012 del 20 de agosto del 2012. Págs. 19-20)

TSE. AMPARO ELECTORAL.

Pedimento del accionado de declaratoria de inadmisibilidad. Artículo 70 de la Ley 137-11. Validez de la acción.

Expresa el Tribunal Superior Electoral, que con relación al medio de inadmisión fundado en la violación del artículo 70, párrafo 3, de la Ley Núm. 137-11, es preciso destacar que frente a la amenaza o al hecho consumado de violación a derechos fundamentales, el legislador ha establecido la acción de amparo como la vía expedita y eficaz que la persona pueda obtener la restauración del derecho vulnerado; en este tenor, la acción de amparo de que se trata ha sido correctamente ejercida por los accionantes, toda vez que los mismos, en sus calidades de miembros del Partido Demócrata Popular y ante la amenaza de violación a sus derechos fundamentales, que se materializa con la modificación estatutaria producida, tienen a su disposición la vía del amparo para hacer cesar o detener la citada amenaza; que, por tanto, la presente acción de amparo no es contraria ni viola las disposiciones del artículo 70 párrafo 3, de la Ley Núm. 137 del 2011, como argumenta la parte accionada; por lo que procede rechazar el medio de

inadmisión propuesto, por improcedente, mal fundado y carente de sustento legal, como se hará constar en la parte dispositiva.
(Sentencia TSE Núm. 026-2012, del 20 de agosto del 2012. Págs. 19-20)

TSE. APELACION.

Excepción de incompetencia. Violación al artículo 3 de la Ley No. 834 de 1978. Inadmisible.

Expresa el Tribunal Superior Electoral. Que este Tribunal ha comprobado que ciertamente, tal y como lo propone la parte recurrente, el interviniente voluntario, al proponer la excepción de incompetencia en cuestión no señaló cuál era la jurisdicción competente para conocer del presente recurso, desconociendo de esa forma las disposiciones expresas del señalado texto legal, lo que determina, en consecuencia, que la excepción de incompetencia examinada debe ser declarada inadmisible por las razones expuestas.
(Sentencia TSE Núm. 017-2012 del 16 de abril del 2012. Pág. 13)

TSE. APELACION.

Demanda en intervención voluntaria. Solicitud de inadmisibilidad. Validez de la intervención. Aplicación del 339 del Código de Procedimiento Civil.

Expresa el Tribunal Superior Electoral. Que examinado el acto Núm. 209-2012 del 20 de marzo de 2012, contentivo de la intervención voluntaria del Partido Revolucionario Independiente (PRI), representado por el Dr. Trajano Santana Santana, en su alegada calidad de Presidente, este Tribunal ha podido comprobar que dicha intervención es correcta y regular en la forma, en tanto que la misma fue notificada a requerimiento de la parte, tal y como lo dispone el texto legal señalado, por lo que el medio de inadmisión examinado debe ser desestimado, por improcedente, mal fundado y carente de asidero legal, valiendo estos motivos decisión sin que sea necesario que figure en la parte dispositiva de esta sentencia.

(Sentencia TSE Núm. 017-2012 del 16 de abril de 2012. Pág. 14)

TSE. APELACION. Declaratorio de inadmisibilidad por falta de calidad del

interviniente voluntario. Validez de la intervención voluntaria.

Expresa el Tribunal Superior Electoral. Que a los fines de hacer derecho sobre el medio de inadmisión aludido este Tribunal ha procedido a examinar la instancia introductoria del presente recurso y por dicho examen ha podido comprobar que en la señalada instancia, recibida en la Secretaría General de este Tribunal el 15 de marzo de 2012, figuran como partes recurridas el Partido Revolucionario Dominicano (PRD) y el señor Trajano Santana Santana; que la comprobación anterior pone de relieve, contrario al alegato de la parte recurrente, que Trajano Santana Santana sí tiene calidad para actuar como interviniente en representación del Partido Revolucionario Independiente (PRI), en razón de que si tiene calidad para figurar como recurrido, puede para participar como interviniente; que por los motivos dados el medio de inadmisión objeto de estudio debe ser desestimado por improcedente, mal fundado en derecho y carente de fundamento legal, valiendo esta motivación decisión sin que sea necesario que figure en la parte dispositiva de esta sentencia.

(Sentencia TSE Núm. 017-2012 del 16 de abril del 2012. Pág. 15)

TSE. APELACION.

Declaratorio de inadmisibilidad por la falta de calidad de los recurrentes. Solicitud rechazada. Expresa el Tribunal Superior Electoral. Que no obstante lo señalado, este Tribunal mediante su sentencia No. 005-2012, del 1 de marzo de 2012, le reconoció la calidad de miembros del Partido Revolucionario Independiente (PRI), a los señores Julio E. Jiménez y Pedro González Pantaleón, y en tal virtud pueden accionar en justicia como miembros de dicha organización; por lo que el medio de inadmisión fundado en la falta de calidad de los recurrentes queda desestimado por improcedente, mal fundado y carente de base legal, valiendo esta motivación sentencia, sin que sea necesario que figure en la parte dispositiva de esta decisión.

(Sentencia TSE Núm. 017-2012 del 16 de abril de 2012. Pág. 16)

TSE. APELACION.

Violación del derecho de defensa. Inadmisibilidad propuesta por el interviniente voluntario. Solicitud no contestada.

Expresa el Tribunal Superior Electoral. Que a los fines de hacer derecho sobre el medio de inadmisión aludido arriba, este Tribunal ha examinado la instancia introductoria de la intervención voluntaria y ha podido comprobar que el señalado medio de inadmisión no está contenido en las conclusiones de la señalada intervención, es decir, que dicho medio fue propuesto por primera vez en audiencia, lo que contraviene las formalidades de la intervención voluntaria, en razón de que como toda demanda, las conclusiones o pedimentos de las partes deben estar contenidas en la instancia introductoria de la misma, pues cualquier pedimento no contenido en la intervención y propuesto por primera vez en la audiencia deviene en una demanda nueva, lo que viola el derecho de defensa de la contraparte; que en esas condiciones no ha lugar a responder el medio de inadmisión referido.

(Sentencia TSE Núm. 017-2012 del 16 de abril de 2012. Pág. 17)

TSE. APELACION. Inadmisibilidad de oficio del recurso interpuesto. Violación del artículo 13, Numeral 1º de la Ley No. 29-11.

Expresa el Tribunal Superior Electoral. Que por otra parte, este Tribunal no es jurisdicción de apelación con respecto de las decisiones rendidas por la Junta Central Electoral; que, en consecuencia, como la resolución objeto de apelación fue dictada por la Junta Central Electoral, el recurso que se examina deviene en inadmisible, en razón de que la ley no dispone que dichas resoluciones sean objeto de apelación y menos que el referido recurso deba ser conocido por este Tribunal.

(Sentencia TSE Núm. 017-2012 del 16 de abril del 2012. Pág. 18)

TSE. APELACION.

Inadmisibilidad de la acción interpuesta. Inmutabilidad del proceso. Mal apoderamiento del tribunal. Violación del artículo 13 numeral 1º de la Ley No. 29 del 2011.

Expresa el Tribunal Superior Electoral. Que del análisis del expediente y la lectura de las conclusiones contenidas en la instancia introductiva del presente recurso, este Tribunal ha podido determinar que su naturaleza jurídica deviene en un recurso de apelación en contra de una decisión administrativa dictada por la Junta Central Electoral, en virtud de que el demandante solicita la revocación de la Resolución Núm. 08/2012, del 23 de febrero de 2012, de la referida Institución.

Que este Tribunal no es jurisdicción de apelación con respecto de las decisiones rendidas por la Junta Central Electoral, en razón de que la Ley no dispone que dichas decisiones puedan ser objeto de apelación, por lo que, el presente recurso deviene en inadmisible, toda vez que las pretensiones que buscan no se encuentran amparadas en la Ley.

(Sentencia TSE Núm. 021-2012 del 17 de mayo del 2012. Pág. 7)

TSE. ASTREINTE. Carencia de la misma. Facultad que tienen los Jueces de Amparo en aplicarla. Aplicación del artículo 93 de la Ley No. 137 del 2011.

Expresa el Tribunal Superior Electoral. Que el astreinte es un medio conminatorio para obligar a la parte a dar cumplimiento a una decisión adoptada por los órganos judiciales competentes, para vencer la resistencia que pudiera oponer la parte en contra de quien se dicta la decisión. (Sentencia TSE Núm. 026-2012 del 20 de agosto del 2012. Pág. 31)

TSE. COMPARECENCIA.

Comparecencia personal de la parte demandante. Solicitud formulada por la parte demandada. Rechazo de la medida requerida por la parte demandada. Cumplimiento por parte del demandante de la sentencia que ordeno el depósito del Contrato Poder Cuota Litis. (Sentencia TSE Núm. 031-2012, del 11 de diciembre del 2012. Pág. 15)

TSE. CONDENACION EN COSTAS.

Pedimento de condenación en costas a la parte demandada. Requerimiento no aplicable para la materia electoral. Pedimento rechazado. (Sentencia TSE Núm. 027-2012 del 14 de septiembre del 2012. Pág. 35)

TSE. COSA JUZGADA.

Medio de inadmisión propuesto por la parte accionanda. Incidente no aplicable para el caso de la especie. Medio de inadmisión rechazado. Expresa el Tribunal Superior Electoral. Que en ese sentido es preciso indicar, que la Sentencia TSE 005-2012, del 1ero. de marzo de 2012, dictada por este Tribunal, se refiere a la XIII Asamblea Nacional Ordinario del Partido Revolucionario Independiente (PRI), celebrada el 12 de diciembre de 2010, por la facción representada por el Dr. Trajano Santana Santana, es decir la XIII Asamblea Nacional Ordinaria del Partido Revolucionario Independiente (PRI), celebrada el 14 de septiembre de 2011, realizada por la facción presidida por Julio Jiménez y Pedro González Pantaleón a que hace referencia la presente Acción de Amparo de Cumplimiento no es la misma que fue anulada en la enunciada sentencia; en consecuencia, procede que el medio de inadmisión por cosa juzgada, planteado por la parte accionada sea rechazado por improcedente y mal fundamentado.

(Sentencia TSE Núm. 014-2012 del 30 de marzo del 2012. Pág. 9)

TSE. DEMANDA RECONVENCIONAL.

En función del demandante reconvencional. Rechazo de la demanda reconvencional. Expresa el Tribunal Superior Electoral. Que este tribunal, luego de verificar los términos planteados en la demanda reconvencional que nos ocupa, ha comprobado que los planteamientos, argumentos y motivaciones contenidos en la misma no resultan de la naturaleza propia de una demanda de tipo reconvencional, ya que se trata de alegatos y argumentos que van orientados y examinados como medios de defensa, con la intención de atenuar los efectos de la demanda principal. (Sentencia TSE Núm. 031-2012, del 1 de diciembre del 2012. Pág. 30)

TSE. DOCUMENTOS.

Nulidad de la instancia de apoderamiento. Violación de los artículos 59, 68 y 72 del Código de Procedimiento Civil y de los artículos 35 al 38 de la Ley No. 834 de 1978 y las reglas debido proceso. Violación de los artículos 68 y 69 de la Constitución de la República. Solicitud denegada. Aplicación de la máxima "No hay nulidad sin agravio".

Expresa el Tribunal Superior Electoral. Que el agravio a que se refiere el párrafo anterior, es aquél que le impida a la parte defender correctamente su derecho, o lo que es lo mismo, que le imposibilite comparecer ante el tribunal a presentar sus medios de defensa, lo que no ha ocurrido en el caso de la especie, en razón de que la parte demandada ha estado debidamente representada en todas las audiencias celebradas al efecto y ha podido proponer sus medios de defensa, tanto incidentales como sobre el fondo de la litis; por estos motivos el tribunal determina que las violaciones constitucionales y legales argüidas por la parte demandada tienen ser desestimada, por improcedentes, mal fundadas y carentes de sustento legal, como se establecerá en la parte dispositiva.
(Sentencia TSE Núm. 011-2012 del 9 de marzo del 2012. Pág. 12)

TSE. DOCUMENTOS.
Inadmisibilidad de la instancia. Falta de objeto y de interés. Medio de inadmisión acogido. Rechaza la excepción en nulidad formulada por la parte

demandada, declara inadmisible de oficio la solicitud de retención de fondo. Violación de la Resolución que declara la proclama electoral por parte de la Junta central Electoral, el 15 de febrero del 2012. Aplicación del artículo 88 de la Ley No. 275 del 1997.

Expresa el Tribunal Superior Electoral. Que en la instancia de apoderamiento y solicitud de inadmisibilidad de documentos, no fiscalización de la XXXV Convención Nacional Extraordinaria y Retención de Fondos provenientes del Reglamento de Distribución Económica del Estado al Partido Nacional de Veteranos y Civiles (PNVC), incoada por el Lic. Ricardo Eugenio Munné Gómez, Larry Omar Díaz Peralta, Lic. Carlos Alberto Elmúdesi Rodríguez, Carlos Stalin Zapata García, Germán de Jesús Gil Disla, Afra Tavarez Moreno, Rafael Antonio Oviedo Ciprián, Carlos Manuel Peñaló Pérez, Juan José E. Mesa Pérez, José Dolores Figueroa Mateo, Edgar René Vásquez Vargas, Tony Canahuate Mena, Carlos Octavio Fernández Carela, Lic. Nelson Eddy Fernández Valdez, Alejandro Nelly Pérez Suberví, Ángel Roberto Castillo Pérez, Ramón de Jesús Gil Disla, Florencio Polonia, Orfelino Suero Jiménez, Adriano Montilla

Madé, José Mary Noboa Santana, Amaury Tomas García Cruz, Dr. Hipólito Marcelino Medina Lauger, Álvaro Logroño Fiallo, Digna Eloísa Muñoz Santana, Dra. Arelis Patricia Germán Martínez, Franklin Alcangel Morales Terrero, parte demandante, ha sido realizada durante el período electoral; en consecuencia, procede declarar la inadmisión de la presente demanda, por imperio del artículo de la Ley Electoral arriba enunciado.

(Sentencia TSE Núm. 011-2012 del 9 de marzo del 2012. Pág. 14)

TSE. DEPOSITO DE DEOCUMENTOS.

Requisitos para su admisión. Plazos.

Expresa el Tribunal Superior Electoral. Como los documentos están ya depositados, el Tribunal admite los documentos, lo que si el Tribunal debe salvaguardar para dar cumplimiento al debido proceso, son los derechos que tienen las partes para preparar sus argumentaciones, tomar conocimiento de los documentos y pedirnos cuál es el tiempo que necesitan para estar en condiciones de someter al debate estos documentos.

(Sentencia TSE Núm. 026-2012 del 20 de agosto de 2012. Pág. 11)

TSE. EXPULSION DE MIEMBROS.

Nulidad de la expulsión. Falta de calidad de los accionantes para adoptar dicha medida. Violación a los Estatutos Generales.

Expresa el Tribunal Superior Electoral. Que al haber sido las referidas sustituciones aprobadas por la Comisión Política, en fecha 7 de agosto del año 2010, órgano que de conformidad con los artículos 17.2, 40 y 43.4 de los Estatutos del Partido Revolucionario Independiente (PRI), no es el competente, procede declarar la nulidad de la "Resolución Quinta", aprobada en la reunión de la indicada Comisión Política, por la misma ser violatoria a los Estatutos Partidarios.

(Sentencia TSE Núm. 005-2012 del 1º de marzo del 2012. Pág. 38)

TSE. FALTA DE CALIDAD.

Medio de inadmisión basado en la falta de calidad de la parte demandante. Solicitud formulada por la parte demandada principal y demandante reconvencional. Medio de inadmisión rechazado por carencia de pruebas. Aplicación del artículo 1315 del Código Civil.

Expresa el Tribunal Superior Electoral. Que la máxima "actori incumbit probatio", todo aquel que alega algo en justicia tiene que probarlo y el artículo 1315 del Código Civil que dispone: "El que reclama la ejecución de una obligación, debe probarla.

Recíprocamente, el que pretende estar libre, debe justificar el pago o el hecho que ha producido la extinción de su obligación", han sido soslayada por el demandante incidental, toda vez que no reposan en el expediente los documentos probatorios de la falta de calidad alegada; en consecuencia, procede rechazar el medio de inadmisión por falta de prueba.

(Sentencia TSE Núm. 031-2012 del 11 de diciembre del 2012. Pág. 31)

TSE. FUSION DE EXPEDIENTE.
Pedimento formulado por la parte demandante. Solicitud acogida.
(Sentencia TSE Núm. 011-2012 del 9 de marzo del 2012. Pág. 7)

TSE. FUSION DE EXPEDIENTE.

Facultad de los Jueces de acumular incidentes para fallarlos en una sola sentencia. Aplicación del artículo 85 de la Ley No. 137 del 2011. Solicitud acogida.

Expresa el Tribunal Superior Electoral. Que este Tribunal mediante sentencia in voce decidió acumular los incidentes para ser fallados conjuntamente con el fondo, pero por disposiciones distintas, conforme el artículo 85 de la Ley Orgánica del Tribunal Constitucional y de los Procedimientos Constitucionales Núm. 137-11, del 13 de junio de 2011, el cual le otorga facultad al juez de amparo para de decidir en una misma sentencia sobre el fondo y los incidentes; en consecuencia, procede avocarse a conocer y decidir los medios de inadmisión en el mismo orden como fueron planteados por la parte accionada. (Sentencia TSE Núm. 014-2012 del 30 de marzo del 2012. Pág. 8)

TSE. IMPUGNACION DE ASAMBLEA. Medio de inadmisión fundado en la falta de calidad del

demandado. Aplicación del artículo 44 de la Ley No. 834 de 1978. Solicitud rechazada.

Expresa el Tribunal Superior Electoral. Que de lo anteriormente expuesto se colige, que al momento de enviar las comunicaciones que dan de baja a miembros del Comité Central Directivo y de la Comisión Política a la Junta Central Electoral (JCE), los señores Julio E. Jiménez Peña y Jaime Max Taveras habían sido reintegrados al Partido Revolucionario Independiente (PRI); en consecuencia, procede rechazar la falta de calidad planteada por la parte demandada contra los indicados señores.

(Sentencia TSE Núm. 005-2012 del 1º de marzo de 2012. Pág. 38)

TSE. IMPUGNACION DE ASAMBLEA.

Requisitos para la validez de una Asamblea. Acogida de la demanda interpuesta.

Expresa el Tribunal Superior Electoral. Que el criterio jurisprudencial generalmente admitido en la materia electoral, para que una convención o asamblea de un partido político pueda ser válidamente celebrada, precisa de la concurrencia de cuatro formalidades sustanciales: a) publicidad oportuna de la convocatoria; b) mayoría o quórum estatutario de la asamblea; c) que los trabajos sean conducidos con el procedimiento de rigor contemplado en los estatutos o reglamentos especiales; y d) que la agenda no sea indeterminada o desnaturalizada; formalidades que en el caso que nos ocupa, este Tribunal comprobó que fueron cumplidas.

(Sentencia TSE Núm. 005-2012 del 1º de marzo de 2012. Pág. 44)

TSE. IMPUGNACION DE ASAMBLEA.
Violación de los Estatutos Generales. Nulidad de la asamblea efectuada.

Expresa el Tribunal Superior Electoral. Que este Tribunal Superior Electoral (TSE), determinó que la Asamblea de Delegados para la proclamación de la Candidatura Presidencial y Vicepresidencial, convocada para el sábado 19 de noviembre del 2011, es una consecuencia directa de la XIII Asamblea Nacional del Partido Revolucionario Independiente (PRI), y al ser dicha Asamblea nula, son nulas todas las actuaciones que dependen de

ésta, como es el caso de la especie; en consecuencia, procede declarar la nulidad de la Asamblea en cuestión.
(Sentencia TSE Núm. 005-2012 del 1º de marzo de 2012. Pág. 46)

TSE. IMPUGNACION DE ASAMBLEA.

Violación del derecho de defensa. Inmutabilidad del proceso. Introducción de demandas nuevas. Aplicación del artículo 69 de la Constitución de la República. Solicitud denegada.

Expresa el Tribunal Superior Electoral. Que en ese sentido, este Tribunal Superior Electoral (TSE), estableció que la solicitud contenida en el párrafo anterior, constituye una demanda nueva, con la cual se vulnera el principio de inmutabilidad del proceso, el derecho de defensa y el debido proceso de ley; en consecuencia, procede que el petitorio enunciado en el párrafo anterior sea declarado irrecibible; en virtud de que no está contenida en las instancias introductivas de las presentes demandas, sin la necesidad de hacerlo constar en la parte dispositiva de la presente sentencia
(Sentencia TSE Núm. 005-2012 del 1º de marzo de 2012. Pág. 48)

TSE. INADMISIBILIDAD.

Falta de calidad del accionante. Solicitud denegada. Carencia de pruebas del medio inadmisión propuesto por el interviniente voluntario. Violación del artículo 1315 del Código Civil. Inadmisible la acción de amparo de cumplimiento.

Expresa el Tribunal Superior Electoral. Que en cuanto a las conclusiones vertidas por el interviniente voluntario, en el sentido de que se declare inadmisible la acción de amparo de cumplimiento por alegada falta de calidad de los accionantes, los cuales dicen actuar como Presidente y Secretario General del Partido Revolucionario Independiente (PRI), es preciso señalar que la parte que invoca el medio de inadmisión no depositó ningún documento que probara su alegato como era su obligación y deber, conforme lo dispone el artículo 1315 del Código Civil: *"El que reclama la ejecución de una obligación, debe probarla. Recíprocamente, el que pretende estar libre, debe justificar el pago o el hecho que ha producido la extinción de su obligación"*. Decisión de carácter administrativo. Violación del artículo 9 de la Ley No. 29 del 2011.

Competencia administrativa de la Junta Central Electoral. Inadmisible de oficio. (Sentencia TSE Núm. 014-2012 del 30 de marzo de 2012. Pág. 10)

TSE. INADMISIBILIDAD DE OFICIO.

Prescripción del plazo fijado. Aplicación del artículo 47 de la Ley No. 834 del 1978. Inadmisible de Oficio la demanda interpuesta.

Expresa el Tribunal Superior Electoral. Que los medios de inadmisión son enunciativos no limitativos, en consecuencia, en el caso que nos ocupa, procede que este Tribunal declare inadmisible, por extemporánea la presente demanda, por tratarse de un asunto que culmino o precluyo, con la celebración de las elecciones Presidenciales y Vicepresidenciales del 20 de mayo del año 2012.

(Sentencia TSE Núm. 031-2012, del 11 de diciembre del 2012. Pág. 34)

TSE. INCOMPETENCIA. Decisión de carácter administrativo. Violación del artículo 9 de la Ley No. 29 del 2011. Competencia administrativa de la Junta Central Electoral. Inadmisible de oficio.

Expresa el Tribunal Superior Electoral. Que por su naturaleza el presente caso no trata de un recurso contencioso electoral, como erróneamente sostiene la parte demandante, pues la resolución que se pretende revocar intervino fuera de toda contestación entre partes, es decir, fuera de toda controversia litigiosa. En efecto, la Resolución Núm. 08/2012, del 23 de febrero de 2012, de la Junta Central Electoral, fue dictada en el ejercicio de sus atribuciones administrativas, en consecuencia, la referida resolución no fue el producto de ningún asunto de naturaleza contenciosa electoral. Que este Tribunal es del criterio de que las decisiones de la Junta Central Electoral no pueden ser atacadas mediante recursos de esta naturaleza, con el objetivo de mantener en sus decisiones el principio de uniformidad establecido en el artículo 9 de la Ley Orgánica del Tribunal Superior Electoral Núm. 29-11.
(Sentencia TSE Núm. 021-2012 del 17 de mayo del 2012. Pág. 7)

TSE. INCOMPETENCIA. Excepción de Incompetencia. Solicitud formulada la parte demandante. Incompetencia del Tribunal Superior Electoral para conocer de una demanda reconvencional incoada por la parte demandada. Competencia del Tribunal Superior Electoral. Existencia de una sola jurisdicción contenciosa electoral. Aplicación del artículo 74 de la Constitución de la República y el artículo 13 numeral 2º de la Ley No. 29 del 2011. Pedimento denegado.

Expresa el Tribunal Superior Electoral. Que el Tribunal Superior Electoral ha examinado el presente caso y ha determinado que existe un solo proceso y pluralidad de litis, por el ello el juez que conoce de la demanda principal es el competente para conocer de la demanda reconvencional; en efecto, el juez de la acción es el juez de la excepción.

Que la reconvención importa una derogación de las reglas de competencia territorial, razón por la cual el demandante principal no puede oponer al reconviniente la excepción de incompetencia, máxime en esta materia electoral, donde existe una única jurisdicción contenciosa electoral determinada por la Ley No. 29-11, toda vez que de acuerdo a los fundamentos de ambas demandas se evidencia la existencia de un conflicto a lo interno de una organización política, y en ese sentido el artículo 13, numeral 2 de la Ley Núm. 29-11, Orgánica del Tribunal Superior Electoral, dispone como una de las atribuciones de este tribunal: "Conocer de los conflictos internos que se produjeren en los partidos y organizaciones políticas reconocidos o entre estos, sobre la base de apoderamiento por una o más partes involucradas y siempre circunscribiendo su intervención a los casos en los cuales se violen disposiciones de la Constitución, la ley, los reglamentos o los estatutos partidarios".

Que la constitución otorga al Tribunal Superior Electoral la facultad para interpretar y aplicar las normas relativas a los derechos fundamentales y sus garantías, en el sentido más favorable a la persona titular de los mismos; razón por la cual este tribunal es competente para conocer y decidir sobre la demanda incidental en cuestión; en consecuencia, procede rechazar la excepción de incompetencia contra la demanda reconvencional planteada por la demandante principal, por improcedente, mal fundada y carente de sustento

legal, tal y como se hará constar en la parte dispositiva de la presente sentencia.
(Sentencia TSE Núm. 031-2012, del 11 de diciembre del 2012. Págs. 27-28)

TSE. INTERVENCION FORZOSA.

Defecto del interviniente forzoso. Aplicación del artículo 339 del Código de Procedimiento Civil. Oponibilidad de la sentencia. Acoge la demanda principal.

Que la intervención forzosa consiste en un medio preventivo de llamar a un tercero como parte en un proceso, a fin de que las consecuencias resultantes del mismo le sean oponible, en relación a la contraparte del que lo demandó en intervención.
(Sentencia TSE Núm. 025-2012, del 27 de junio del 2012. Pág. 17)

TSE. INTERVENCION VOLUNTARIA.

Características del interviniente voluntario. Aplicación del artículo 339 del Código de Procedimiento Civil. Acoge la demanda en intervención voluntaria.

Expresa el Tribunal Superior Electoral. Que todo aquel que considere que tiene un interés que proteger en un proceso ostenta el derecho de intervenir voluntariamente, con la finalidad de deducir consecuencias favorables y que la decisión que intervenga no le cause ningún agravio. (Sentencia TSE Núm. 031-2012, del 11 de diciembre del 2012. Pág. 29)

TSE. INCONSTITUCIONALIDAD.

Formulación de la excepción de inconstitucionalidad sin la existencia de una instancia previa. Violación del artículo 69 de la Constitución de la República. Solicitud de declaratoria en inconstitucionalidad rechazada.

Expresa el Tribunal Superior Electoral. Que este Tribunal ha comprobado que la referida excepción de inconstitucionalidad no fue planteada en la instancia de apoderamiento, ni tampoco en la audiencia de fondo, lo que pone de manifiesto que el pedimento formulado por el demandante en su escrito de conclusiones vulnera el principio de inmutabilidad del proceso y el derecho de defensa de la parte demandada, en consecuencia, el mismo debe ser declarado irrecibible sin hacerlo constar en la parte dispositiva de la presente sentencia.

(Sentencia TSE Núm. 021-2012, del 17 de mayo del 2012. Pág. 8)

TSE. INCONSTITUCIONALIDAD.

Violación a la norma del debito proceso. Aplicación correcta del artículo 69 de la Constitución de la República. Solicitud de declaratoria inconstitucionalidad acogida. Violación de las normas estatutarias.

Expresa el Tribunal Superior Electoral. Que las garantías y derechos que protegen a los miembros de los partidos, movimientos y agrupaciones políticas, por el sólo hecho de estar consagrados en la Constitución de la República, deben ser ejercidas con apego irrestricto a los cánones constitucionales; por lo tanto, la salvaguarda de dichos derechos y garantías obliga a todos los individuos y órganos del Estado Dominicano a vigilar el cumplimiento de los mismos, siendo deber de este Tribunal aplicar en plenitud la norma constitucional con interpretaciones correctas, de acuerdo al alcance fiel de su texto. Que si bien es cierto que todo miembro de partido, movimiento o agrupación política, tiene la obligación de acatar los lineamientos políticos que establezcan los órganos de éstos; no es menos cierto que la democracia interna de un partido, movimiento o agrupación política obliga a preservar el derecho a disentir que tienen sus miembros sobre determinados aspectos o posiciones políticas que en algunos momentos se adopten, ya que de lo contrario se vulneraría el derecho constitucional a la libre expresión del pensamiento, el cual no se pierde por pertenecer a un conglomerado político; que no obstante, lo anterior no puede interpretarse en el sentido de que dicho derecho constituye una patente de corso para violar el accionar y el plan político aprobado por los organismos competentes de una determinada organización política, luego de las discusiones que se susciten; más aún, es importante resaltar que la comprensión de un aspecto se da dentro del diálogo y que en ausencia de éste no existiera el entendimiento, imponiéndose determinadas ideas incontrovertibles sin la debida discusión que una verdadera democracia interna obliga. Que en el estado actual del desarrollo del Derecho Electoral en nuestro país y de acuerdo a las disposiciones de la Constitución de la República, no puede existir ninguna duda acerca de la pertinencia de un adecuado control jurisdiccional de los actos emanados de las instituciones políticas y de los otros órganos relacionados con la aplicación de este derecho en nuestro país.

Que de la ponderación de los indicados artículos se colige que frente a cualquier actuación, sea esta de un órgano judicial o administrativo, se debe cumplir con el debido proceso; lo que es aplicable a los partidos, movimientos y agrupaciones políticas, los cuales, al momento de imponer sanciones disciplinarias deben garantizarle a los posibles sancionados el sagrado derecho a la defensa; sin que esto quiera decir que en la especie el Tribunal esté conociendo de las posibles sanciones disciplinarias, sino que está examinando la violación a los derechos fundamentales de los accionantes con el procedimiento previsto en los estatutos señalados después de su modificación.

Que resulta notorio, además, que la disposición aludida coloca a cualquier miembro de esa organización política en un estado de indefensión, en virtud de que no establece un procedimiento objetivo para conocer las violaciones que puedan serles imputadas a cualquier miembro de dicha organización, violando así las garantías constitucionales del debido proceso y del derecho a la defensa. Que resulta notorio, además, que la disposición aludida coloca a cualquier miembro de esa organización política en un estado de indefensión, en virtud de que no establece un procedimiento objetivo para conocer las violaciones que puedan serles imputadas a cualquier miembro de dicha organización, violando así las garantías constitucionales del debido proceso y del derecho a la defensa.

Que a raíz de la citada modificación estatutaria se da la posibilidad de que las autoridades del Partido Demócrata Popular (PDP), impongan sanciones sin cumplir con los debidos requisitos legales y estatutarios que garanticen el debido proceso y el derecho a la defensa, lo que constituiría un procedimiento violatorio de principios constitucionales, que no puede soslayarse en un Estado de Derecho; por lo que este Tribunal es del criterio que los estatutos partidarios no pueden contener disposiciones que violen los derechos de sus miembros a tener conocimiento previo de cualquier imputación que se les formule y, en consecuencia, se les juzgue, siguiendo las normas del debido proceso. Que pretender expulsar, excluir o despojar de su condición de miembro de un partido, movimiento o agrupación política a un individuo, por el sólo hecho de éste expresar su desacuerdo con una determinada acción política-electoral y que dicha sanción se aplique sin un sometimiento y juicio previo y sin observancia de las garantías que conforman el debido proceso, es un acto que no puede ser aceptado en un Estado de Derecho; por tanto, este Tribunal mantiene el criterio de que toda violación al debido proceso hace nula la decisión adoptada, convirtiéndose ésta en ineficaz y, en consecuencia, no puede producir ningún efecto jurídico, como sucede en el caso de la especie.

Que el debido proceso debe entenderse como un principio jurídico procesal, conforme al cual toda persona tiene derecho a ciertas garantías mínimas, que tienen como objeto asegurar un resultado justo y equitativo dentro de un proceso administrativo o judicial, permitiéndole la oportunidad de ser oída y de hacer valer sus pretensiones ante el juzgador; en ese sentido, el debido proceso electoral ha sido consagrado como un medio o institución de magna importancia para asegurar en la medida de lo posible la solución de manera justa de cualquier conflicto interno o externo de los partidos, movimientos o agrupaciones políticas; con el cual está de acuerdo mayoritariamente la doctrina electoral, ya que el mismo tiende a proteger derechos de primera generación.

Que este Tribunal reitera las posiciones ya fijadas en decisiones anteriores, en el sentido de que, de manera general, forman parte del debido proceso las garantías siguientes:

"1) El derecho a la jurisdicción, que a su vez implica los derechos al libre e igualitario acceso ante los jueces y autoridades administrativas, a obtener decisiones motivadas, a impugnar las decisiones ante autoridades de jerarquía superior, y al cumplimiento de lo decidido en el fallo.

2) El derecho al juez natural, identificado éste como el funcionario que tiene la capacidad o aptitud legal para ejercer jurisdicción en determinado proceso o actuación de acuerdo con la naturaleza de los hechos, la calidad de las personas y la división del trabajo establecida por la Constitución y la ley.

3) El derecho a la defensa, entendido como el empleo de todos los medios legítimos y adecuados para ser oído y obtener una decisión favorable. De este derecho hacen parte, el derecho al tiempo y a los medios adecuados para la preparación de la defensa; los derechos a la asistencia de un abogado cuando se requiera, a la igualdad ante la ley procesal, el derecho a la buena fe y a la lealtad de todas las demás personas que intervienen en el proceso.

4) El derecho a un proceso público, desarrollado dentro de un tiempo razonable, lo cual exige que el proceso o la actuación no se vea sometido a dilaciones injustificadas o inexplicables.

5) El derecho a la independencia del juez, que sólo tiene efectivo reconocimiento cuando los servidores públicos a los cuales confía la Constitución la tarea de administrar justicia, ejercen funciones separadas de aquellas atribuidas al ejecutivo y al legislativo.

6) El derecho a la independencia e imparcialidad del juez o funcionario, quienes siempre deberán decidir con fundamento en los hechos, de acuerdo con los imperativos del orden jurídico, sin designios anticipados ni prevenciones, presiones o

influencias ilícitas"; garantías éstas que están contenidas en nuestra Constitución y en los Tratados Internacionales aprobados por los poderes públicos y, por lo tanto, son de cumplimiento obligatorio para todas las personas físicas y/o morales, dentro de las cuales se encuentran los partidos políticos.

Que las normas legales aplicadas al presente proceso no dejan abierta la posibilidad para que los partidos, movimientos y agrupaciones políticas puedan auto expulsar a sus miembros o autoridades, sin que ningún órgano controle sus actos cuando se violen los derechos de sus miembros, como en el caso; con la existencia misma de este Tribunal, la Constitución de la República ha previsto el ejercicio del control de la legalidad de los actos, los acuerdos y las resoluciones que dicten los órganos de los Partidos Políticos, los cuales deben actuar en apego irrestricto al Pacto Fundamental, a la Ley Electoral y a los Estatutos Partidarios. Que la medida extrema de expulsar a un miembro de un partido, movimiento o agrupación política, sin que previamente los órganos correspondientes internos hayan sido apoderados y se le conozca un proceso cumpliendo las normas del debido proceso constitucional, lo cual conlleva que al miembro que se le imputa la falta haya sido puesto en conocimiento previo de la misma y que entre la fecha en que será conocida ésta por el órgano interno medie un tiempo suficiente que le permita preparar sus medios de defensas; por tanto, frente a la inobservancia de las garantías constitucionales, legales y estatutarias que le asisten al miembro de la referido organización, es pertinente admitir la intervención del órgano jurisdiccional frente a estas violaciones; criterio que no sólo sostiene este Tribunal, sino que el mismo ha sido enarbolado por el Tribunal Constitucional Español, al establecer que:

"...la potestad de organización comprende el derecho de asociación a regular en los estatutos las causas y procedimientos de expulsar de sus miembros; sin embargo esas decisiones están sometidas a un control de regularidad estatutaria, por parte de los órganos judiciales de forma que una expulsión adoptada en contra de los procedimientos y garantías que regulan los estatutos puede ser objeto de

control judicial por vulnerar derechos fundamentales de los afectados".
(STC 185/1993, 31 de mayo). Que el ejercicio del poder sancionador de las autoridades partidarias tiene límites infranqueables dados por la Constitución de la República, los Tratados Internacionales, la Ley Electoral y los estatutos internos de los partidos, movimientos o agrupaciones políticas; siendo imperativo dentro de un régimen democrático que las actuaciones de las autoridades partidarias estén debidamente enmarcadas dentro de éstas, para así evitar que éstas puedan invocar su investidura y la gravedad del hecho para reducir de manera discrecional las garantías que tienen los miembros de dicha entidad; en consecuencia, éstas no podrán tomar ninguna decisión imponiendo sanción sin cumplir con las normas del debido proceso.

Que la supremacía de la Constitución supone una gradación jerárquica en el orden jurídico; ella representa el punto más alto de la escala normativa, de manera que cualquier norma posterior o contraria que en cualquier momento colide con la norma suprema provocaría la nulidad de la norma inferior; tal y como sucede con la modificación estatutaria objeto de examen.

Que habiendo previamente este Tribunal ponderado la petición de la parte accionante sobre la inconstitucionalidad del artículo 6, inciso b) de los Estatutos Generales del Partido Demócrata Popular (PDP), modificado en la Décima Segunda (XII) Asamblea, celebrada el veintiséis (26) de febrero del año dos mil doce (2012), procede declararla no conforme con la Constitución de la República y, en consecuencia, nula e inaplicable al presente caso.
(Sentencia TSE Núm. 026-2012, del 20 de agosto de 2012. Págs. 21 a la 30)

TSE. INCONSTITUCIONALIDAD.
Nulidad de la decisión adoptada en contra de los demandantes. Violación a la norma del debito proceso. Aplicación correcta del artículo 69 de la Constitución de la República. Solicitud de declaratoria inconstitucionalidad acogida. Violación a las normas estatutarias. Acogida la demanda principal.

Expresa el Tribunal Superior Electoral. Que en consecuencia, como este Tribunal ha acogido la excepción de inconstitucionalidad propuesta por la parte demandante, resulta ostensible entonces que la decisión tomada por las autoridades del Partido Reformista Social Cristiano (PRSC) amparadas en las disposiciones del texto estatutario contrario a la Constitución, deviene igualmente en nula; por tanto, la comunicación de fecha 23 de abril del 2012, remitida por el presidente del Partido Reformista Social Cristiano (PRSC) a la Junta Central Electoral (JCE), con respecto a los demandantes Daniel Perdomo, ramón Antonio Pérez Fermín y Eddy Antonio Alcántara Castillo, también deviene en nula. (Sentencia TSE Núm. 027-2012, del 14 de septiembre de 2012. Pág. 35)

TSE. JUECES.

Regulación. Uso de indumentaria por parte de los jueces. Formalismo. Aplicación del artículo 11 de la Ley No. 821 del 1927. Autonomía. Resolución No. 2715-2010, de la Suprema Corte de Justicia (SCJ), del 30 de septiembre del 2010.

Expresa el Tribunal Superior Electoral. Que por ser el Tribunal Superior Electoral un órgano autónomo especializado, fuera del ordenamiento judicial dominicano, resulta inminente que establezca sus propias formalidades dentro del ámbito de su jurisdicción.
(Resolución Administrativa Núm. 001-2012, del 24 de enero del 2012. Pág. 3)

TSE. MEDIDA CAUTELAR.
Solicitud de suspensión de entrega de fondos. Validez de la solicitud de medida cautelar anticipada. Rechaza el medio de inadmisión planteado. Se ordena la retención a entrega de fondos.
Expresa el Tribunal Superior Electoral. Que la retención de fondos no solamente procede cuando se verifique la existencia de un crédito cierto, liquido y exigible, por parte de un acreedor, sino también, cuando en materia electoral, se ponga en manifiesto una situación que pueda lesionar los intereses comunes de una organización política en particular, cuya dirección tendrá la responsabilidad de administrar los fondos otorgados por el Estado, conforme el "Reglamento

de Distribución Económica a los Partidos Políticos", dictado por la Junta Central Electoral (JCE); por consiguiente, procede acoger las conclusiones de la parte demandante; y en consecuencia, rechazar en todas sus partes, las conclusiones de la parte demandada. (Ordenanza Núm. 001-2012, de fecha 13 de febrero del 2012. Pág. 14)

TSE. MEDIDA CAUTELAR. Suspensión a entrega de fondos como resultado de la existencia de un conflicto. Desconocimiento de la dirección interna del partido. Acogida de la solicitud formulada.

Expresa el Tribunal Superior Electoral. Que este Tribunal Superior Electoral (TSE), debe salvaguardar la institucionalidad y el buen desenvolvimiento de los partidos políticos existentes en la República Dominicana; y en tal virtud, al encontrarse el Partido Revolucionario Independiente (PRI), en una litis interna que no permite a este Tribunal determinar quiénes ostentan la dirección del mismo; en consecuencia resulta de derecho ordenar la retención de la entrega de los fondos, hasta tanto este Tribunal se

pronuncie respecto de las demandas de las cuales se encuentra apoderado.
(Ordenanza Núm. 001-2012, de fecha 13 de febrero del 2012. Pág. 14)

TSE. MEDIDA CAUTELAR.
Solicitud formulada por la parte demandante y el interviniente voluntario. Solicitud rechazada por tratarse ambas conclusiones de una nueva demanda. (Sentencia TSE Núm. 010-2012, de fecha 7 de marzo del 2012. Pág. 6)

TSE. MEDIDA PRECAUTORIA.
Solicitud de adopción de medida precautoria. Aplicación del artículo 86 de la Ley No. 137 del 2011. Solicitud denegada. Facultad que tienen los Jueces en materia de amparo para otorgarla.
(Sentencia Núm. 026-2012, del 20 de agosto del 2012. Pag.9)

TSE. NULIDAD DE ASAMBLEA NACIONAL.
Facultad de los jueces de acumular un incidente. Aplicación del artículo 4 de la Ley No. 834 de 1978. Expresa el Tribunal Superior Electoral. Que según lo establecido en el artículo 4 de la Ley No. 834, de

fecha 15 de julio del año 1978, el juez puede, por disposiciones distintas, fallar en una misma sentencia un medio de inadmisión, conjuntamente con el fondo, pero por disposiciones distintas. (Sentencia TSE Núm. 004-2012, del 21 de febrero de 2012. Pág. 18)

TSE. NULIDAD DE ASAMBLEA NACIONAL.

Medio de inadmisión fundado en la violación del artículo 62 de la Ley Electoral No. 275 de 1997. Solicitud rechazada.

Expresa el Tribunal Superior Electoral. Que en ese sentido, la Asamblea Nacional Ordinaria, celebrada en fecha 4 de diciembre del año 2011, del Partido Cívico Renovador (PCR), en su Segunda Resolución, le otorgó poderes al Presidente y Secretario General de esa Organización Política, *"para que puedan concertar todas las alianzas posibles para las próximas elecciones presidenciales del 20/05/2012, lograr acuerdos, apoyar y concebir acuerdos con otras organizaciones políticas del país, (...)"*; es decir, en esa Asamblea no fue aprobado un Pacto de Alianza especifico; por consiguiente, el plazo de las cuarenta y ocho (48) horas, al cual se refiere el texto legal precedentemente enunciado, no aplica en la especie; en consecuencia, procede que dicho medio de inadmisión sea rechazado. (Sentencia TSE Núm. 004-2012, del 21 de febrero de 2012. Págs. 19-20)

TSE. NULIDAD DE ASAMBLEA NACIONAL.
Importancia de los Estatutos Generales.
Que expresa el Tribunal Superior Electoral. Que los estatutos partidarios constituyen la normativa que regula las actividades internas de los partidos políticos, en consecuencia, todas las acciones deben ser realizadas conforme a los mismos. (Sentencia TSE Núm. 004-2012, del 21 de febrero de 2012. Pág. 25)

TSE. NULIDAD DE ASAMBLEA NACIONAL.
Requisitos para la validez de una Asamblea. Violación del artículo 44 de la Ley No. 834 de 1978. Inadmisibilidad de la acción interpuesta. Rechazo de la demanda.
Que expresa el Tribunal Superior Electoral. Que el criterio jurisprudencial generalmente admitido en la materia electoral, para que una convención o asamblea de un partido político pueda ser válidamente celebrada, precisa de la concurrencia

de cuatro formalidades sustanciales: a) publicidad oportuna de la convocatoria; b) mayoría o quórum estatutario de la asamblea; c) que los trabajos sean conducidos con el procedimiento de rigor contemplado en los estatutos o reglamentos especiales; y d) que la agenda no sea indeterminada o desnaturalizada; formalidades que en el caso que nos ocupa, este Tribunal comprobó que fueron cumplidas.
(Sentencia TSE Núm. 004-2012, del 21 de febrero de 2012. Pág. 26)

TSE. NULIDAD DE CONVOCATORIA.

Violación al derecho de defensa. Aplicación del artículo 69 de la Constitución de la República. Validez del pedimento. Ordena la regularización de la citación.
(Sentencia TSE Núm. 008-2012, del 7 de marzo de 2012. Pág. 7)

TSE. NULIDAD DE CONVOCATORIA.

Violación al derecho de defensa. Aplicación del artículo 69 de la Constitución de la República. Validez del pedimento. Cancelación del rol de audiencia. Responsabilidad del demandante.

(Sentencia TSE Núm. 008-2012, del 7 de marzo de 2012. Pág. 11)

TSE. NULIDAD DE ASAMBLEA. Nulidad de la instancia de apoderamiento. Violación de los artículos 59, 68 y 72 del Código de Procedimiento Civil y de los artículos 35 al 38 de la Ley No. 834 de 1978 y las reglas debido proceso. Violación de los artículos 68 y 69 de la Constitución de la República. Solicitud denegada. Aplicación de la máxima "No hay nulidad sin agravio".

Expresa el Tribunal Superior Electoral. Que en ese sentido, es preciso indicar que en la audiencia pública celebrada el 24 de febrero de 2012 la parte demandada estuvo debidamente representada por sus abogados y solicitó lo siguiente: "Posponer la presente vista a los fines siguientes: a) Para tomar comunicación del expediente que conforma la presente demanda; b) Para producir la documentación o cualquier otro medio de prueba que entendamos presentar; c) Para producir un escrito de réplica a la instancia depositada por los demandantes"; que ante tales pedimentos, este Tribunal pospuso la audiencia y procedió a fijarla para el 1ero. de marzo de 2012, quedando ambas partes debidamente citadas.

Que el agravio a que se refiere el párrafo anterior, es aquél que le impida a la parte defender correctamente su derecho, o lo que es lo mismo, que le impida comparecer ante el tribunal a presentar sus medios de defensa, lo que no ha ocurrido en el caso de la especie, en razón de que la parte demandada ha estado debidamente representada en todas las audiencias celebradas al efecto y ha podido proponer sus medios de defensa, tanto incidentales como sobre el fondo de la litis; por estos motivos el tribunal determina que las violaciones constitucionales y legales argüidas por la parte demandada tienen que ser desestimadas, por improcedentes, mal fundadas y carentes de sustento legal, como se establecerá en la parte dispositiva.
(Sentencia TSE Núm. 012-2012, del 9 de marzo del 2012. Pág. 10)

TSE. NULIDAD DE ASAMBLEA.
Medio de inadmisibilidad propuesto por la parte demandada. Falta de objeto de la demanda. Solicitud denegada.

Expresa el Tribunal Superior Electoral. Que este Tribunal estima necesario señalar que el señor Juan Cohen Sander fue puesto en causa por los demandantes en su condición de Presidente del Partido Nacional de Veteranos y Civiles (PNVC) ya que en esa condición convocó y presidió la Convención cuestionada y objeto de estas demandas; por consiguiente, el medio de inadmisión propuesto carece de fundamento sustentable; en consecuencia, procede que el mismo sea rechazado por improcedente, mal fundado y carente de sustento legal, como se indicará en la parte dispositiva se la presente sentencia.
(Sentencia TSE Núm. 012-2012, del 9 de marzo de 2012. Págs. 11-12)

TSE. NULIDAD DE ASAMBLEA.
Falta de calidad de los delegados. Pedimento formulado por la parte demandado. Medio de inadmisión rechazado. Rechaza las conclusiones de la parte demandada. Acoge la demanda interpuesta. Declara la nulidad del Padrón de concurrente de la XXXV Asamblea Nacional

Extraordinaria. Declara la Nulidad de la XXXV Asamblea Nacional Extraordinaria efectuada.

Expresa el Tribunal Superior Electoral. Que en lo concerniente a la falta de calidad de los delegados que participaron en la XXXV Asamblea Nacional Extraordinaria del Partido Nacional de Veteranos y Civiles (PNVC), es preciso indicar que este Tribunal verificó que en el padrón de delegados con derecho a participar en la XXXIV Convención Extraordinaria que celebró la indicada organización política el 25 de febrero de 2010, la matrícula básica era de 326 delegados; sin embargo, en el padrón de delegados con derecho a participar en la XXXV Convención Extraordinaria que celebró dicho partido el 19 de febrero de 2012, la matrícula básica aumentó a 548 delegados, determinando que entre ambos padrones existe una diferencia abismal de 222 delegados adicionales.

Que además, este Tribunal procedió a realizar un cotejo entre la lista de concurrentes a la XXXV Convención Extraordinaria del Partido Nacional de Veteranos y Civiles (PNVC) y el padrón de delegados con derecho a participar en la XXXIV Convención Extraordinaria que celebró la indicada organización política el 25 de febrero de 2010, y determinó que solamente 68 delegados de los que tenían derecho a participar en la XXXIV Asamblea asistieron a la XXXV. Que al examinar el acta de la sesión del Directorio Central Ejecutivo del Partido Nacional de Veteranos y Civiles (PNVC) celebrada el 25 de enero de 2012, este Tribunal comprobó que al tratar el tema V referente a la "propuesta de Padrón Oficial de Delegados", el Secretario General ante la solicitud de algunos miembros de "ver el padrón antes de aprobarlo" aclaró que "la reestructuración se hizo tomando en cuenta los que han fallecido y los que han renunciado", resultando ilegal y no demostrado por la parte demandada el aumento de la matrícula de 326 delegados que participaron en la XXXIV Convención Nacional Extraordinaria a 548 delegados que participaron en la XXXV Convención Nacional Extraordinaria, de conformidad con el padrón remitido a este Tribunal por la Junta Central Electoral.

Que este Tribunal determinó que el padrón de delegados utilizado en la XXXV Convención Extraordinaria del Partido Nacional de Veteranos y Civiles (PNVC), fue aprobado en violación a las disposiciones contenidas en el artículo 41 de los estatutos partidarios, precedentemente enunciado, procede que el mismo sea declarado nulo y sin ningún valor ni efecto jurídico; y en consecuencia, se pronuncie la nulidad del Padrón de Delegados y de la XXXV Convención Extraordinaria celebrada el 19 de febrero de 2012.

Que la interpretación correcta del artículo 41 de los Estatutos del Partido Nacional de Veteranos y Civiles (PNVC), al disponer que no se pueden hacer cambios en el padrón por lo menos seis (6) meses antes de la Asamblea, se debe entender como una disposición justa y razonable, que busca evitar que en una fecha cercana al evento, se adicionen delegados sin calidad, que puedan cambiar la correlación de fuerzas de la asamblea; entendiéndose como fundamental para garantizar la transparencia y equidad de cualquier Asamblea o Convención.

(Sentencia TSE Núm. 012-2012, del 9 de marzo de 2012. Págs. 13-16)

TSE. NULIDAD DE CONVOCATORIA.

Excepción de incompetencia. Solicitud denegada. Aplicación del artículo 13 numeral 2 de la Ley No. 29 del 2011.

Expresa el Tribunal Superior Electoral. Que el caso de la especie, se trata de un conflicto interno del Partido Demócrata Popular (PDP), para lo cual, de conformidad con los textos legales precedentemente transcritos, este Tribunal es la jurisdicción competente para estatuir sobre el referido conflicto.

(Sentencia TSE Núm. 008-2012, del 7 de marzo de 2012. Pág. 20)

TSE. NULIDAD DE CONVOCATORIA.

Facultad de los jueces de acumular un incidente. Aplicación del artículo 4 de la Ley No. 834 de 1978.

Expresa el Tribunal Superior Electoral. Que el artículo 4 de la Ley Núm. 834, dispone lo siguiente: *"El juez puede, en la misma sentencia, pero por disposiciones distintas, declararse competente y estatuir sobre el fondo del litigio (...)"*; en consecuencia, procede que este Tribunal Superior Electoral (TSE), rechace las excepciones de incompetencia planteadas por la parte demandada por improcedentes, mal fundadas y carentes de sustento legal y declare su competencia para continuar con el conocimiento del presente litigio. (Sentencia TSE Núm. 008-2012, del 7 de marzo de 2012. Pág. 20)

TSE. NULIDAD DE CONVOCATORIA.

Demanda en intervención voluntaria. Requisitos para su validez. Acogida de la intervención. Aplicación del 339 del Código de Procedimiento Civil.

Expresa el Tribunal Superior Electoral. Que en lo referente a la intervención voluntaria es necesario indicar que la demanda en intervención voluntaria es una demanda incidental, mediante la cual una persona extraña al proceso demanda ser parte del mismo, para hacer valer sus derechos o para apoyar al demandante o demandado. El demandante voluntario para poder intervenir en un proceso introducirá su demanda por un simple acto dirigido al juez, que tendrá los medios, las conclusiones y notificados tanto al abogado del demandante como al del demandado (*artículo 337 del Código de Procedimiento Civil*).

(Sentencia TSE Núm. 008-2012, del 7 de marzo de 2012. Pág. 22)

TSE. NULIDAD DE CONVOCATORIA.

Demanda en intervención voluntaria interpuesta cerrado los debates. Requisitos para su validez. Violación del 339 del Código de Procedimiento Civil. Rechazo de la demanda en intervención interpuesta.

Expresa el Tribunal Superior Electoral.

Que de conformidad con el artículo 338 del Código de Procedimiento Civil, anteriormente enunciado, la demanda incidental en intervención voluntaria, tiene que ser propuesta antes del conocimiento del fondo. Además la referida demanda no puede retrasar el fallo de la demanda principal; en consecuencia, por imperio del artículo 340 del indicado Código, procede rechazar la presente demanda en intervención voluntaria.

(Sentencia TSE Núm. 008-2012, del 7 de marzo de 2012. Pág. 24)

TSE. NULIDAD DE CONVOCATORIA.

Requisitos para la validez de una Asamblea. Acogida de la demanda interpuesta.

Expresa el Tribunal Superior Electoral. Que el criterio jurisprudencial generalmente admitido en la materia electoral, para que una convención o asamblea de un partido político pueda ser válidamente celebrada, precisa de la concurrencia de cuatro formalidades sustanciales: a) publicidad oportuna de la convocatoria; b) mayoría o quórum estatutario de la asamblea; c) que los trabajos sean conducidos con el procedimiento de rigor contemplado en los estatutos o reglamentos especiales; y d) que la agenda no sea indeterminada o desnaturalizada. (Sentencia TSE Núm. 008-2012, del 7 de marzo de 2012. Pág. 28)

TSE. NULIDAD DE CONVOCATORIA.
Violaciones estatutarias, Nulidad de la asamblea. Acogida de la demanda interpuesta.
Expresa el Tribunal Superior Electoral. Que este Tribunal Superior Electoral (TSE), comprobó que la convocatoria a la Décima Segunda (XII) Convención Nacional Extraordinaria, celebrada el 10 de abril de 2011, fue realizada en violación a los artículos 9, 10, 18 y 20 de los estatutos partidarios, en consecuencia, procede declarar la nulidad de la

referida Asamblea, por la misma no haber sido convocadas por las autoridades competentes de conformidad con las disposiciones estatutarias anteriormente enunciadas.
(Sentencia TSE Núm. 008-2012, del 7 de marzo de 2012. Pág. 29)

TSE. NULIDAD DE CONVOCATORIA.
Recusación. Solicitud denegada.
Expresa el Tribunal Superior Electoral. Declara inadmisible la recusación de los jueces que integran este Tribunal Superior Electoral, planteada por la parte demandante Claudio José Núñez Jiménez y el interviniente voluntario Alfredo Ramírez Peguero, en virtud de lo dispuesto por los artículos 214 de la Constitución de la República y 3 de la ley 29-11, los cuales establecen que este tribunal es la máxima autoridad en materia contencioso electoral, no existiendo otra jurisdicción de mayor jerarquía en la materia y en consecuencia le corresponde pronunciarse al respecto.
(Sentencia TSE Núm. 010-2012, del 7 de marzo del 2012. Pág.11)

TSE. NULIDAD DE CONVOCATORIA.
Solicitud de inhibición formulada por la parte demandante. Validez del pedimento. (Sentencia TSE Núm. 010-2012, del 7 de marzo del 2012, Pág. 5)

TSE. NULIDAD DE CONVOCATORIA.
Defecto del demandante y el interviniente voluntario. Descargo puro y simple. Violación del artículo 434 del Código de Procedimiento Civil.

Expresa el Tribunal Superior Electoral. Que el artículo 434 del Código de Procedimiento Civil, modificado por la Ley 845 de 1978, regula el defecto por falta de concluir del demandante, cuando, habiendo comparecido con el acto de apoderamiento, su abogado no se presenta a la audiencia; que aún cuando la ley sólo prevé la referida eventualidad, es criterio de este tribunal, que en caso de que habiendo concurrido el demandante a la audiencia pero sin referirse al fondo, el tribunal, luego de ponerlo en mora de concluir y este no obtemperar el llamado, puede dictar una sentencia pronunciando el defecto por falta de concluir; y en consecuencia, el descargo puro y simple de la demanda si así lo solicita la

contraparte, tal y como sucedió en el caso de la especie.
(Sentencia TSE Núm. 010-2012, del 7 de marzo del 2012. Pág.13)

TSE. NULIDAD DE RESOLUCION.

Excepción de incompetencia mal formulada. Solicitud acogida. Violación del artículo 35 de la Ley No. 834 de 1978. Rechazo de la demanda interpuesta.

Expresa el Tribunal Superior Electoral. Que conforme al texto del artículo transcrito arriba, las excepciones de incompetencia y nulidad deben ser presentadas de manera simultánea y antes de proponer cualquier medio de inadmisión o pedimento relativo al fondo de la contestación; que este Tribunal ha comprobado que ciertamente, tal y como propone la parte demandante, la excepción de incompetencia propuesta por la parte demandada debe ser declarada inadmisible, en razón de que la misma fue propuesta después de que la parte demanda propusiera dos medios de inadmisión contra la demanda de que se trata, lo que viola el procedimiento establecido en el citado artículo, valiendo decisión esta motivación sin

necesidad de hacerlo constar en el dispositivo de la sentencia.
(Sentencia TSE Núm. 016-2012, del 16 de abril del 2012. Pág.15)

TSE. NULIDAD DE RESOLUCION.

Inadmisibilidad de la demanda. Solicitud formulada por la parte demandada y el interviniente voluntario. Solicitud denegada. Calidad del demandante. Rechazo de la demanda interpuesta.

Expresa el Tribunal Superior Electoral. Que este Tribunal es del criterio que en el presente caso se trata de una demanda en nulidad contra dos resoluciones dictadas por la Junta Central Electoral, de manera que la calidad para recurrir dichas resoluciones viene dada por el solo hecho de haber sido parte afectada con las citadas decisiones; que este Tribunal ha examinado las resoluciones cuya nulidad han sido demandadas y ha podido comprobar que el Partido Revolucionario Independiente (PRI), representado por el Dr. Trajano Santana Santana fue parte en dichas resoluciones, toda vez que en el ordinal cuarto de la resolución Núm. 09-2012 consta el rechazo al pacto de alianza que suscribiera el Partido Revolucionario Independiente (PRI), representado por el Dr. Trajano Santana Santana, con el Partido Revolucionario Dominicano (PRD); en tanto que la resolución Núm. 11-2012 rechazó el recurso de revisión que interpusiera el hoy demandante contra la precitada resolución Núm. 09-2012; que en esas atenciones resulta evidente la calidad del demandante para solicitar la nulidad de las resoluciones en cuestión por ante este tribunal; que, por tanto, el medio de inadmisión que se examina debe ser desestimado por las razones ut supra indicadas, mal fundado en derecho y carente de sustento legal, sin que sea necesario de que conste en el cuerpo del dispositivo de la sentencia. (Sentencia TSE Núm. 016-2012, del 16 de abril del 2012. Págs.15-16)

TSE. NULIDAD DE RESOLUCION.
Inadmisibilidad de la demanda por tratarse de un recurso de apelación. Solicitud formulada por la parte demandada. Medio desestimado.
Expresa el Tribunal Superior Electoral. Que este Tribunal ha examinado la instancia introductoria del presente asunto y ha podido comprobar que,

contrario al alegato de la parte demandada, en el presente caso no se trata de un recurso de apelación, sino que el apoderamiento objeto de estudio se refiere a la demanda en nulidad de las resoluciones Núm. 9-2012 del 10 de marzo de 2012 y Núm. 11-2012 del 17 de marzo de 2012, dictadas por la misma Junta Central Electoral; que, por tanto, el medio de inadmisión examinado debe ser desestimado por los motivos ut supra indicados, sin necesidad de que se haga mención de dicho fallo en el dispositivo.
(Sentencia TSE Núm. 016-2012, del 16 de abril del 2012. Págs.16-17)

TSE. NULIDAD DE RESOLUCION.
Inadmisibilidad de la demanda por tratarse de la prescripción de presentación de una candidatura y no de una demanda. Medio propuesto por la parte demandada y el interviniente voluntario. Aplicación del artículo 68 de la Ley No. 275 del 1997. Medio desestimado.
Expresa el Tribunal Superior Electoral. Que contrario a lo señalado por la parte demandada y el interviniente voluntario para sustentar el medio de inadmisión objeto de estudio, este Tribunal es del

criterio que la parte demandante en nulidad no está presentando una candidatura en estos momentos, sino que las candidaturas fueron presentadas en el tiempo hábil señalado por la legislación correspondiente, esto es, conforme al mandato del artículo 70 citado arriba, pero que al ser rechazadas las propuestas por la Junta Central Electoral mediante las resoluciones Núm. 09-2012 y Núm. 11-2012, la parte proponente de las indicadas candidaturas lo que ha hecho es ejercer las vías recursivas contra las citadas decisiones; por lo que el medio de inadmisión que se analiza debe ser desestimado por los motivos ut supra indicados, sin la necesidad de que se mencione en el dispositivo.
(Sentencia TSE Núm. 016-2012, del 16 de abril del 2012. Pág.17)

TSE. NULIDAD DE RESOLUCION.
Inadmisibilidad de la demanda por la falta de calidad de una persona distinta a que se encuentran puesta en causa. Solicitud formulada por el interviniente voluntario. Medio desestimado.

Expresa el Tribunal Superior Electoral. Que más aún, no puede pretender el interviniente voluntario proponer un medio de inadmisión contra la demanda de que se trata, fundamentándolo sobre una acción realizada por una parte distinta a la demandante; por lo que estos dos medios de inadmisión propuestos por el interviniente voluntario deben ser desestimados en bloque, por las razones previamente expuestas, sin que se haga necesario la mención del fallo en el dispositivo.

(Sentencia TSE Núm. 016-2012, del 16 de abril del 2012. Pág.18)

TSE. NULIDAD DE RESOLUCION.

Violaciones estatutarias. Aplicación correcta del artículo 62 de la Ley No. 275 del 1997. Falta de conculcación de derechos a elegir candidaturas de su preferencia. Demanda rechazada. Confirmación de la Resolución atacada en nulidad.

Expresa el Tribunal Superior Electoral. Que las motivaciones transcritas más arriba ponen en evidencia, que la Junta Central Electoral rechazó el pacto de alianza suscrito entre el Partido Revolucionario Independiente (PRI), representado por el Dr. Trajano Santana Santana y el Partido Revolucionario Dominicano (PRD), en razón de que pudo comprobar que a la asamblea celebrada por el (PRI) el día 05 de marzo de 2012 no concurrió la mayoría requerida por los estatutos a los fines de poder aprobar las propuestas allí presentadas; que en lo referente al rechazo del recurso de revisión, el mismo obedeció a que si bien el recurrente aportó documentos nuevos, los mismos no hacían variar la suerte del asunto juzgado; pero además, según los documentos examinados por este Tribunal, se pudo verificar que el pacto de alianza fue suscrito el 06 de marzo de 2012 y el mismo no fue aprobado o ratificado por el Comité Ejecutivo Nacional del PRD, como mandan los estatutos de dicha organización política, toda vez que se ha podido comprobar que el Comité Ejecutivo Nacional del PRD procedió a ratificar los pactos de alianzas suscritos por dicha organización el 04 de marzo de 2012, en tanto que el pacto de alianza suscrito por el Partido Revolucionario Independiente (PRI) con el Partido Revolucionario Dominicano (PRD) fue suscrito, como antes habíamos dicho, el 06 de marzo de 2012. Que la situación anterior pone de relieve que no se trata, como señala el demandante, de que le ha sido conculcado su derecho a elegir un candidato de su preferencia, sino que en las resoluciones de la Junta Central Electoral consta que la parte demandante no ha cumplido con el mandato legal establecido al efecto, toda vez que no cumplió con el procedimiento y los plazos señalados para proceder a la suscripción y posterior ratificación del pacto de alianza en cuestión.

(Sentencia TSE Núm. 016-2012, del 16 de abril del 2012. Págs. 23-24)

TSE. NULIDAD DE RESOLUCION.

Inobservancia de la parte demandante de no suscribir pacto de alianza. Convención carente del quórum necesario. Aplicación correcta del artículo 62 de la Ley No. 275 del 1997. Falta de conculcación de derechos a elegir candidaturas de su preferencia. Demanda rechazada. Confirmación de la Resolución atacada en nulidad.

Expresa el Tribunal Superior Electoral. Que la parte demandante alega que realizó una nueva convención, en acatamiento de la decisión del Tribunal Superior Electoral, tenía luego que en cumplimiento de lo acordado en esa convención suscribir un nuevo pacto de alianza, lo que evidentemente no hizo; más aun, al quedar anulada la XIII Convención, quedó automáticamente anulado el pacto de alianza, en consecuencia, debió firmarse una nueva alianza de conformidad con la convención realizada el 5 de marzo 2012. (Sentencia TSE Núm. 016-2012, del 16 de abril del 2012. Pág. 25)

TSE. NULIDAD DE CONVOCATORIA.
Irregularidad de la convocatoria, violaciones estatutarias. Principios necesarios para hacer una convocatoria. Demanda acogida.
Expresa el Tribunal Superior Electoral. Que el artículo precedentemente enunciado establece, expresamente, una jerarquía a nivel estructural de quiénes tienen calidad para convocar a una reunión extraordinaria de la Comisión Política, estableciendo en primer orden al Presidente; en segundo el Secretario General, quién de conformidad con el artículo 59, literal J) de los Estatutos Generales, podría convocar conjuntamente con el Presidente; y tercero la tercera parte de sus miembros. De lo cual se infiere

que para la convocatoria a una reunión con carácter extraordinario para tratar los asuntos que le son inherentes, la tercera parte solo podría convocar frente a la negativa tanto del Presidente como del Secretario General.

Sin embargo en el expediente no reposa documento alguno que demuestre que previo a la reunión del 1ero de junio del año en curso se le requirió al Presidente del Partido Revolucionario Dominicano (PRD) convocar a una reunión de la Comisión Política del Comité Ejecutivo Nacional. Que la interpretación literal que le han dado los convocantes al artículo 34 anteriormente enunciado, resulta incorrecta; en virtud de que es necesario extraer la esencia y la intención final del mismo; sobre todo, cuando el texto aludido se refiere a la facultad para la convocatoria extraordinaria que tiene la tercera parte de la Comisión Política, debiendo interpretarse que esa facultad de convocatoria está sujeta a ciertas condiciones o situaciones previas, como es por ejemplo, el requerimiento al Presidente a convocar la reunión extraordinaria de dicho organismo.

Que en ese mismo sentido, al permitir que en una organización política un grupo ostente facultad para convocar a una reunión de un órgano de dirección, al margen del Presidente o de la máxima autoridad jerárquica partidaria, se contribuiría al establecimiento del caos y la ingobernabilidad. (Sentencia TSE Núm. 025-2012, del 27 de junio del 2012. Págs.12-13)

TSE. NULIDAD DE CONVOCATORIA.

Falta de calidad de los convocantes, violaciones estatutarias. Demanda acogida.

Expresa el Tribunal Superior Electoral. Que resulta evidente que en el caso de la especie, los miembros convocantes de la reunión en cuestión, ejercieron una facultad condicionada, sin observar el orden establecido en el artículo 34 de los Estatutos Generales, violando los límites; en consecuencia, su actuación sin que exista constancia que el Presidente y el Secretario General del Partido Revolucionario Dominicano (PRD), estuvieren en la imposibilidad de hacerlo o que éstos hubieren sido requeridos para hacerlo y se negaren, deviene en improcedente.

Que la acción de los convocantes no puede producir un beneficio en favor de éstos, en virtud de las irregularidades que contiene, pues viola la simetría, la proporción y el equilibrio entre los intereses que coexisten; por lo tanto, debe darse una adecuada protección a la lesión que constituye la actividad realizada en violación a las disposiciones del artículo 34; que la finalidad prevista en dicho texto, se ve frustrada con un acto como el de referencia, lo que hace obligatorio y determinante la declaratoria de nulidad de la convocatoria de la Comisión Política indicada. (Sentencia TSE Núm. 025-2012, del 27 de junio del 2012. Págs.14-15)

TSE. NULIDAD DE CONVOCATORIA.
Nulidad de la convocatoria. Violaciones estatutarias. Demanda acogida.
Expresa el Tribunal Superior Electoral. Que la convocatoria para la reunión del 01 de junio de 2012, de la Comisión Política, al no habérsele requerido previamente al Presidente requerirle la convocatoria, la acción de dichos miembros convocantes contraviene las disposiciones del artículo 34, por lo tanto, los efectos jurídicos producidos por las decisiones adoptadas el 01 de junio del 2012, por la Comisión Política, están afectadas de nulidad.

(Sentencia TSE Núm. 025-2012, del 27 de junio del 2012. Pág. 15)

TSE. NULIDADES. Aplicación del artículo 35 y siguientes de la Ley No. 834 de 1978,
Expresa el Tribunal Superior Electoral. Que los demandantes poseen legitimidad para argüir las nulidades planteadas en el presente proceso; en ese sentido, en materia electoral y de partidos políticos son aplicables las reglas que gobiernan las nulidades en el derecho común; en la legislación electoral existen elementos que conforman la teoría de las nulidades en cuanto al grado o forma de la ineficacia de los actos nulos.
(Sentencia TSE Núm. 025-2012, del 27 de junio del 2012. Pág. 17)

TSE. PRESCRIPCION. Vencimiento del plazo fijado. Falta de una norma electoral dominicana. Aplicación de la norma jurisprudencial del Derecho Electoral Comparado Latinoamericano. Demanda en Nulidad de la Conformación del Comité Político. Demanda declarada inadmisible de Oficio. Aplicación del artículo 47 de la Ley No. 834 del 1978.

Expresa el Tribunal Superior Electoral. Que hasta la fecha, la legislación electoral dominicana no establece plazo alguno dentro del cual los miembros de un partido político pudieren demandar en nulidad los actos emanados de los diferentes organismos internos de las agrupaciones políticas. Que en los años electorales todas las actuaciones de los partidos políticos, evidentemente, están dirigidas a su participación en las elecciones correspondientes. En el caso en cuestión, este Tribunal comprobó que mediante el Acta de la XII convención Nacional Extraordinaria, de fecha 26 de febrero del año 2012, el Partido demócrata popular (PDP), fueron adoptadas decisiones concernientes a los preparativos de las elecciones del 20 de mayo del año 2012. Que en ese orden de ideas y en lo que respecta al caso ocurrente, se advierte que la Comisión Política del Partido Demócrata Popular (PDP), la cual mediante esta acción se pretende anular realizo actos relativos a la organización y preparación de las elecciones Presidenciales y Vicepresidenciales del 20 de mayo del 2012; escogieron las nuevas autoridades partidarias; modificaron los Estatutos del partido y otorgo poderes a los fines de pactar alianza para la candidatura presidencial pata las elecciones generales de mayo del 2012; por lo que, al consumarse este evento se culmino o se produjo una preclusión de esa etapa del proceso interno y con ella la oportunidad procesal de impugnar cualquier irregularidad cometida en dicha fase, la cual quedo cubierta por la inacción y falta de diligencia de los actuales demandantes en impugnar los actos partidarios realizados durante esa etapa.

(Sentencia TSE Núm. 031-2012, del 11 de diciembre del 2012. Págs. 32, 33, 34)

TSE. PROCEDIMIENTO.

Norma a seguir por ante el Tribunal Superior Electoral. Aplicación del derecho común ante la falta del Reglamento Contencioso Electoral. Aplicación del artículo 14 de la Ley No. 29 del 2011. Expresa el Tribunal Superior Electoral. Que el establecimiento de un procedimiento provisional de acceso a la justicia contenciosa electoral, hasta tanto sea aprobado el reglamento al efecto, debe estar ajustado a los principios generales del derecho común, previamente establecido en la

República Dominicana, para aquellos casos que no se encuentren regulados por la Ley Orgánica que rige este Tribunal Superior Electoral (TSE). (Resolución Administrativa No. 002-2012, del 8 de febrero del 2012. Pág.3)

TSE. REVISION. Inobservancia del artículo 480 y siguientes del Código de Procedimiento Civil. Recurso declarado inadmisible de oficio.

Que expresa el Tribunal Superior Electoral. Que la parte recurrente pretende que este Tribunal deje sin efecto la Ordenanza TSE No. 001/2012, del 8 de febrero de 2012; sin embargo, este Tribunal sin la necesidad de verificar el cumplimiento de los requisitos exigidos para la interposición del recurso de revisión, regulado por los artículos 480 y siguientes del Código de Procedimiento Civil, determinó que el recurso en cuestión carece de objeto; en virtud de que la suspensión de los fondos retenidos en la indicada ordenanza estaba subordinada al conocimiento y fallo de la demanda principal, la cual fue fallada mediante la Sentencia TSE No. 005-2012, del 1ero de marzo del año 2012, de lo que se colige que al ser dictada dicha

sentencia la suspensión a entrega de fondos quedó automáticamente levantada.
(Sentencia TSE Núm. 009-2012, del 7 de marzo del 2012. Pág. 3)

TSE. REVISION. Facultad de los Jueces de fondo de ponderar o no documentos. Recurso en revisión rechazado.

Que expresa el Tribunal Superior Electoral. Que por otra parte y contrario a los alegatos de la parte recurrente, al momento del tribunal motivar sus decisiones no está obligado a enunciar todos y cada uno de los documentos depositados por las partes, sino que a estos fines, solo basta que el tribunal produzca una motivación en hecho y en derecho con respecto de los documentos que entiende son determinantes y concluyentes para establecer a cuál de las dos partes corresponde el derecho en el caso en cuestión; en consecuencia, este tribunal ha podido comprobar que al momento de dictar la decisión recurrida produjo motivación conforme a las disposiciones legales correspondientes y en base a los documentos que estaban depositados en el expediente, que fueron detallados en la sentencia en cuestión.

Lic. Alfredo Ramirez y Licda. Marisela Tejada

(Sentencia TSE Núm. 013-2012, del 27 de marzo del 2012. Pág.7)

TSE. REVISION. Falta de calidad e interés de las partes recurrentes en revisión. Inadmisible de oficio. Rechazo del recurso interpuesto.

Que expresa el Tribunal Superior Electoral. Que examinados los motivos en que el recurrente fundamenta el presente recurso de revisión, este Tribunal ha podido comprobar que ninguna de las causales previstas en el artículo 480 del Código de Procedimiento Civil, fue propuesta por la parte recurrente; en consecuencia, procede que este Tribunal desestime por improcedente, mal fundado y carente de base legal el presente recurso de revisión, con todas sus consecuencias jurídicas.

(Sentencia TSE Núm. 020-2012, del 1º de mayo del 2012. Pág.17)

TSE. REAPERTURA DE DEBATES.
Facultad que tiene los jueces para otorgarla. Solicitud acogida.

Que expresa el Tribunal Superior Electoral. Que la reapertura de los debates es una atribución facultativa de los jueces del fondo, quienes son los

que determinan en qué casos procede ordenarla o rechazarla, pudiendo ordenarla de oficio, cuando a su juicio se presentan hechos nuevos que pudieren incidir en la suerte del proceso o entienden que para decidir el asunto se requiere una mayor sustanciación del mismo.
(Sentencia TSE Núm. 002-2012, del 14 de febrero del 2012. Pág.7)

TSE. REAPERTURA DE DEBATES.
Carácter preparatorio que tienen dicha sentencias. Que expresa el Tribunal Superior Electoral. Que las sentencias que ordenan una reapertura de debates tienen carácter preparatorio, porque no prejuzgan el fondo, ya que el tribunal, cuando ordena esta medida, sea a pedimento de una de las partes o de oficio, no deja entrever la decisión que adoptará en razón de que la reapertura de debates tiene como propósito proceder a una mejor sustanciación de la causa.
(Sentencia TSE Núm. 002-2012, del 14 de febrero del 2012. Pág.7)

TSE. REAPERTURA DE DEBATES.

No compete a los Jueces de fondo la notificación de la decisión adoptada. Notificación hecha por las partes.

Que expresa el Tribunal Superior Electoral. Que para ordenar la medida de oficio no es necesario que los jueces notifiquen previamente a las partes su disposición de adoptar la reapertura de debates, sino que dicha notificación debe ser hecha con posterioridad.

(Sentencia TSE Núm. 002-2012, del 14 de febrero del 2012. Pág.7)

TSE. REAPERTURA DE DEBATES.

Facultad que tiene los jueces para otorgarla. Solicitud rechazada.

Expresa el Tribunal Superior Electoral. Que la reapertura de los debates es una atribución facultativa de los jueces del fondo, quienes son los que determinan en qué casos procede ordenarla o rechazarla, inclusive pudiendo ordenarla de oficio, cuando a su juicio se presentan hechos nuevos que pudieren incidir en la suerte del proceso o entienden que para decidir el asunto se requiere una mayor sustanciación del mismo.

Lic. Alfredo Ramirez y Licda. Marisela Tejada

En el caso de la especie, este Tribunal Superior Electoral (TSE), ha determinado que no procede la reapertura de debates en virtud de que los documentos nuevos que avalan dicha solicitud de reapertura no son útiles puesto que los que conforman el expediente en referencia constituyen los elementos necesarios para la edificación de este Tribunal en lo concerniente al caso en cuestión; en consecuencia, procede rechazar la reapertura de debates solicitada por el señor Alfredo Ramírez Peguero.

(Sentencia TSE Núm. 008-2012, del 7 de marzo de 2012. Pág. 25)

TSE. SECRETARIAS.

Requisitos. Regulación. Uso de indumentaria por parte de la Secretaria del Tribunal Superior Electoral. Formalismo. Aplicación de la Ley No. 821 del 1927. Autonomía. Resolución No. 2715-2010, de la Suprema Corte de Justicia (SCJ), del 30 de septiembre del 2010.

Expresa el Tribunal Superior Electoral. Que el Secretario (a) General del Tribunal vista de traje oscuro, camisa blanca y corbata negra, durante la celebración de Audiencias Públicas.

Lic. Alfredo Ramirez y Licda. Marisela Tejada

(Resolución Administrativa Núm. 001-2012, del 24 de enero del 2012. Pág. 3)

BIBLIOGRAFIA
❖ LEYES

Constitución Política de la Repúblico Dominicana, del 26 de Enero del 2010.

Ley No. 29-11, Ley Orgánica del Tribunal Superior Electoral, del 29 de Enero del 2011.

Ley No. 137-11, Ley Orgánica del Tribunal Constitucional y de los Procedimientos Constitucionales, del 13 de Julio del 2011. Modificada por la Ley No. 145-11, del 4 de julio del 2011.

Ley No. 275-97, Ley Electoral, del 21 de Noviembre del 1997.

Ley No. 834 del 15 de Julio de 1978, Ley Sobre Procedimiento Civil.

Ley No. 821, del 21 de Noviembre del 1927. Ley de organización Judicial y Legislación Complementaria.

Código de Procedimiento Civil.

Código Civil.

❖ SENTENCIAS

Sentencia TSE No. 001-2012, del 13 de febrero de 2012.

Sentencia TSE No. 002-2012, del 14 de febrero de 2012.

Sentencia TSE No. 003-2012, del 20 de febrero de 2012.

Sentencia TSE No. 004-2012, del 21 de febrero de 2012

Sentencia TSE No. 005-2012, del 1º de marzo de 2012.

Sentencia TSE No. 006-2012, del 7 de marzo de 2012.

Sentencia TSE No. 007-2012,

Sentencia TSE No. 008-2012, del 7 de marzo de 2012.

Sentencia TSE No. 009-2012, del 7 de marzo de 2012.

Sentencia TSE No. 010-2012, del 9 de marzo de 2012.

Sentencia TSE No. 011-2012, del 9 de marzo de 2012.

Sentencia TSE No. 012-2012, del 9 de marzo de 2012.

Sentencia TSE No. 013-2012, del 27 de marzo de 2012

Sentencia TSE No. 014-2012, del 30 de marzo de 2012.

Sentencia TSE No. 015-2012, del 16 de abril de 2012.

Sentencia TSE No. 016-2012, del 16 de abril de 2012.

Sentencia TSE No. 017-2012, del 16 de abril de 2012.

Sentencia TSE No. 018-2012, del 16 de abril de 2012.

Sentencia TSE No. 019-2012, del 19 de abril de 2012.

Sentencia TSE No. 020-2012, del 1º de mayo de 2012.

Sentencia TSE No. 021-2012, del 17 de mayo de 2012.

Sentencia TSE No. 022-2012, del 17 de mayo de 2012.

Sentencia TSE No. 023-2012, del 17 de mayo de 2012.

Sentencia TSE No. 024-2012

Sentencia TSE No. 025-2012, del 27 de julio de 2012.

Sentencia TSE No. 026-2012, del 20 de agosto de 2012.

Sentencia TSE No. 027-2012, del 14 de septiembre de 2012.

Sentencia TSE No. 028-2012, del 2012.

Sentencia TSE No. 029-2012, del de 2012.

Sentencia TSE No. 030-2012, del de 2012.

Sentencia TSE No. 031-2012, del 11 de diciembre de 2012.

❖ ORDENANZAS Y RESOLUCIONES

Ordenanza TSE No.
Resolución TSE No. 002 del 8 de febrero de 2012

❖ EN LA WEB

www.observaoriopoliticodominicano
www.tse.gob.do

OSERVATORIO POLITICO
DOMINICANO

CONCLUSIÓN

A través de este libro "Compendio de jurisprudencias electorales, 2012..." el cual fue realizado como una recopilación de las sentencias mas trascendentales que en ese año dictó el Tribunal Superior Electoral de la República Dominicana.

Las incidencias que estas sentencias tuvieron en el procedimiento contencioso electoral, esperamos que con esta edición se hayan cumplido todas las expectativas que cada lector tuvo a bien durante el desarrollo de este libro.

www.ingramcontent.com/pod-product-compliance
Lightning Source LLC
Chambersburg PA
CBHW070438180526
45158CB00019B/1554